La TOISON D'OR,

Tragedie
Par P. Corneille.

L A TOISON D'OR,

TRAGEDIE.

Repreſentée par la Troupe Royale du Mareſts, chez M^r. le Marquis de Sourdeac, en ſon Chaſteau du Neuf bourg, pour réjoüiſſance publique du Mariage du Roy, & de la Paix avec l'Eſpagne, & en ſuite ſur le Theatre Royal du Mareſts.

PAR LE SIEUR CORNEILLE.

Suivant la Copie imprimée

A PARIS,

CIƆIƆCLXII.

ARGUMENT.

L'ANTIQVITE n'a rien fait passer jusqu'à nous qui soit si generalement connu que le voyage des Argonautes ; mais comme les Historiens, qui en ont voulu démesler la verité d'avec la Fable, qui l'envelope, ne s'accordent pas en tout, & que les Poëtes, qui l'ont embelly de leurs fictions, n'ont pas pris la mesme route, j'ay creu que pour en faciliter l'intelligence entiere, il estoit à propos d'avertir le Lecteur de quelques particularitez, où je me suis attaché, qui peut-estre ne sont pas connuës de tout le monde. Elles sont pour la pluspart tirées de Valerius Flaccus, qui en à fait un Poëme Epique en Latin, & de qui entre autres choses j'ay emprunté la Metamorphose de Junon en Chalciope.

Phryxus estoit fils d'Athamas Roy de Thebes, & de Nephelé, qu'il repudia pour espouser Ino. Cette seconde femme persecuta si bien ce jeune Prince, qu'il fut obligé de s'enfuir sur un mouton, dont la laine estoit d'or, que sa mere luy donna, aprés l'avoir receu de Mercure. Il le sacrifia à Mars si-tost qu'il fut abordé à Colchos, & luy en appendit la dépoüille dans une forest, qui luy estoit consacrée. Aetes fils du Soleil, & Roy de cette Province luy donna pour femme Chalciope sa fille aisnée, dont il eut quatre fils, & mourut quelque temps aprés. Son Ombre apparut en suite à ce Monarque, & luy revela que le destin de son Estat dépendoit de cette Toison, qu'en mesme temps qu'il la perdroit, il perdroit aussi son Royaume, & qu'il estoit resolu dans le Ciel que Medée son autre fille auroit un

A 2

époux

ARGUMENT.

époux estranger. Cette prediction fit deux effets. D'un
costé Aætes, pour conserver cette Toison, qu'il voyoit
si necessaire à sa propre conservation, voulut en rendre
la conqueste impossible par le moyen des charmes de Circé
sa sœur, & de Medée sa fille. Ces deux sçavantes
Magiciennes firent en sorte, qu'on ne pouvoit s'en rendre
maistre, qu'apres avoir dompté deux Taureaux, dont
l'haleine estoit toute de feu, & leur avoir fait labourer
le champ de Mars, où ensuite il falloit semer des dents
de Serpent, dont naissoient aussi-tost autant de Gensdarmes, qui tous ensemble attaquoient le temeraire, qui
se hazardoit à une si dangereuse entreprise; & pour
dernier peril, il failloit combatre un Dragon, qui ne
dormoit jamais, & qui estoit le plus fidelle, & le plus
redoutable gardien de ce tresor. D'autre costé les Rois
voisins jaloux de la grandeur d'Aætes, s'armerent
pour cette conqueste, & entre autres Persés son frere,
Roy de la Chersonese Taurique, & fils du Soleil comme luy. Comme il s'appuya du secours des Scytes,
Aætes emprunta celuy de Styrus Roy d'Albanie, à qui
il promit Medée, pour satisfaire à l'ordre, qu'il croyoit
en avoir receu du Ciel par cette Ombre de Phryxus. Ils
donnoient bataille, & la victoire panchoit du costé de
Persés, lors que Jason arriva suivy de ses Argonautes,
dont la valeur la fit tourner du party contraire, & en
moins d'un mois ces Heros firent emporter tant d'avantages au Roy de Colchos sur ses ennemis, qu'ils furent
contraints de prendre la fuite, & d'abandonner leur
camp. C'est icy que commence la Piece, mais avant
que d'en venir au détail, il faut dire un mot de Jason,
& du dessein, qui l'amenoit à Colchos.

Il estoit fils d'Aeson Roy de Thessalie, sur qui Pelias
son frere avoit usurpé ce Royaume. Ce Tyran estoit fils
de Neptune & de Tyro fille de Salmonée, qui épousa
ensuite Cretheus pere d'Aeson, que je viens de nommer.
Cette usurpation luy donnant la deffiance ordinaire à
ceux de sa sorte, luy rendit suspect le courage de Jason
son nepveu & legitime heritier de ce Royaume. Un
Oracle, qu'il receut le confirma dans ses soupçons, si bien
que

ARGUMENT.

que pour l'éloigner, ou plûtost pour le perdre, il luy commanda d'aller conquerir la Toison d'or, dans la croyance que ce Prince y periroit, & le laisseroit par sa mort paisible possesseur de l'Estat, dont il s'estoit emparé. Jason par le conseil de Pallas fit bastir pour ce fameux voyage le Navire Argo, où s'embarquerent avec luy quarante des plus vaillans de toute la Grece. Orphée fut du nombre, avec Zethez & Calais, fils du Vent Borée, & d'Orithie Princesse de Thrace, qui estoient nez avec des aisles comme leur pere, & qui par ce moyen délivrerent Phinée en passant des Harpyes, qui fondoient sur ses viandes, si-tost que sa table estoit servie: & leur donnerent la chasse par le milieu de l'air. Ces Heros durant leur voyage receurent beaucoup de faveurs de Junon, & de Pallas, & prirent terre à Lemnos, dont estoit Reyne Hypsipile, où ils tarderent deux ans, pendant lesquels Jason fit l'amour à cette Reine, & luy donna parole de l'épouser à son retour ; ce qui ne l'empecha pas de s'attacher auprés de Medée, & de luy faire les mesmes protestations si-tost qu'il fut arrivé à Colchos, & qu'il eust veu le besoin, qu'il en avoit. Ce nouvel amour luy reüssit si heureusement, qu'il eut d'elle des charmes pour surmonter tous ces perils, & enlever la Toison d'or malgré le Dragon, qui la gardoit, & qu'elle assoupit. Un Autheur, que cite le Mithologiste Noël le Comte, & qu'il appelle Denis le Milesien, dit qu'elle luy porta la Toison jusques dans son Navire, & c'est sur son rapport que je me suis authorisé à changer la fin ordinaire de cette Fable, pour la rendre plus surprenante, & plus merveilleuse. Je l'aurois esté assez par la liberté, qu'en donne la Poësie en de pareilles rencontres, mais j'ay crû en avoir encor plus de droit en marchant sur les pas d'un autre, que si j'avois inventé ce changement.

C'est avec un fondement semblable que j'ay introduit Absyrte en aage d'homme, bien que la commune opinion n'en fasse qu'un enfant, que Medée déchira par morceaux. Ovide & Seneque le disent, mais Apollonius Rhodius le fait son aisné, & si nous voulons l'en croire,

ARGUMENT.

Aætes l'avoit eu d'Asterodie, avant qu'il espousast la
mere de cette Princesse, qu'il nomme Idyie, fille de
l'Ocean. Il dit de plus, qu'aprés la fuite des Argonautes, la vieillesse d'Aætes ne luy permettant pas de les
poursuivre, ce Prince monta sur Mer, & les joignit
autour d'une Isle située à l'embouchure du Danube, &
qu'il appelle Peucé. Ce fut-là que Medée se voyant perduë avec tous ces Grecs qu'elle voyoit trop foibles pour
luy resister, feignit de les vouloir trahir, & ayant attiré
ce frere trop credule à conferer avec elle de nuit dans le
Temple de Diane, elle le fit tomber dans une embuscade
de Jason, où il fut tué. Valerius Flaccus dit les mesmes
choses d'Absyrte que cet autheur Grec, & c'est sur
l'authorité de l'un & de l'autre, que je me suis enhardy
à quitter l'opinion commune, aprés l'avoir suivie, quand
j'ay mis Medée sur le Theatre. C'est me contredire moy-
mesme en quelque sorte, mais Seneque, dont je l'ay tirée
m'en donne l'exemple, lors qu'aprés avoir fait mourir
Jocaste dans l'Oedipe, il la fait revivre dans la The-
baide, pour se trouver au milieu de ses deux fils, comme ils sont prests de commencer le funeste duel, où ils
s'entretuent.

Acteurs

Acteurs de Prologue.

LA FRANCE.
LA VICTOIRE.
MARS.
LA PAIX.
L'HYMENEE.
L'ENVIE.
LA DISCORDE.
Quatre AMOURS.

Acteurs de la Tragedie.

JUPITER.
JUNON.
PALLAS.
IRIS.
L'AMOUR.
LE SOLEIL.
AÆTES, *Roy de Colchos, fils du Soleil.*
ABSYRTE, *Fils d'Aætes.*
CHALCIOPE, *Fille d'Aætes, vesve de Phryxus.*
MEDEE, *Fille d'Aætes, Amante de Jason.*
HYPSIPILE, *Reine de Lemnos.*
JASON, *Prince de Thessalie, Chef des Argonautes.*
PELEE. ⎫
IPHITE. ⎬ *Argonautes.*
ORPHEE. ⎭
ZETHEZ. ⎱ *Argonautes aiflez, fils de Borée &*
CALAIS. ⎰ *d'Orithie.*
GLAUQUE, *Dieu marin.*
Deux TRITONS.
Deux SIRENES.
Quatre VENTS.

La Scene est à Colchos.

DE-

DECORATION
DU PROLOGUE.

L'HEUREUX Mariage de sa Majesté, & la Paix, qu'il luy a plû donner à ses Peuples, ayant esté les motifs de la réjoüissance publique, pour laquelle cette Tragedie a esté preparée, non seulement il estoit juste qu'ils servissent de sujet au Prologue, qui la precede, mais il estoit mesme absolument impossible d'en choisir une plus illustre matiere.

L'ouverture du Theatre fait voir un Pais ruiné par les guerres, & terminé dans son enfoncement par une Ville, qui n'en est pas mieux traitée. Ce qui marque le pitoyable estat, où la France estoit reduite avant cette faveur du Ciel, qu'elle a si long-temps souhaitée, & dont la bonté de son illustre Monarque la fait joüir à present.

LA CONQUESTE
DE LA
TOISON D'OR,
TRAGEDIE.

PROLOGUE.

SCENE PREMIERE.

LA FRANCE, LA VICTOIRE.

LA FRANCE.

D OUX charme des Heros, immortelle Victoire,
Ame de leur vaillance, & source de leur gloire,
Vous qu'on fait si volage, & qu'on voit toutefois
Si constante à me suivre, & si ferme en ce choix,
Ne vous offensez pas, si j'arrose de larmes
Cette illustre union, qu'ont avec vous mes armes,
Et si vos faveurs mesme obstinent mes soûpirs
A pousser vers la Paix mes plus ardents desirs.
Vous faites qu'on m'estime aux deux bouts de la
    Terre,   (Guerre,
Vous faites qu'on m'y craint, mais il vous faut la
Et quand je voy quel prix me coustent vos lauriers,
J'en vois avec chagrin couronner mes guerriers.

A 5

LA

LA TOISON D'OR,

LA VICTOIRE.

Je ne me repens point, incomparable France,
De vous avoir suivie avec tant de constance,
Je vous prépare encor mesmes attachemens,
Mais j'attendois de vous d'autres remercimens.
Vous laissez-vous de moy, qui vous comble de gloire,
De moy, qui de vos fils asseure la memoire,
Qui fais marcher par tout l'effroy devant leurs pas?

LA FRANCE.

Ah, Victoire pour fils n'ay-je que des Soldats?
La gloire, qui les couvre à moy-mesme funeste
Sous mes plus beaux succés fait trembler tout le
    reste?
Ils ne vont aux combats que pour me proteger,
Et n'en sortent vainqueurs que pour me ravager.
S'ils renversent des murs, s'ils gagnent des batail-
    les,
Ils prennent droit par là de ronger mes entrailles,
Leur retour me punit de mon trop de bonheur,
Et mes bras triomphans me déchirent le cœur.
A vaincre tant de fois mes forces s'affoiblissent,
L'Estat est florissant, mais les Peuples gemissent,
Leurs membres décharnez courbent sous mes hauts
    faits,
Et la gloire du Trône accable les Sujets.
   Voyez autour de moy que de tristes spectacles!
Voilà ce qu'en mon sein enfantent vos miracles.
   Quelque encens que je doive à cette fermeté,
Qui vous fait en tous lieux marcher à mon costé,
Je me lasse de voir mes villes desolées,
Mes habitans pillez, mes campagnes brûlées,
Mõ Roy, que vous rendez le plus puissant des Rois,
En goûte moins le fruit de ses propres exploits,
Du mesme œil, dont il voit ses plus nobles conque-
    stes,
Il voit ce qu'il leur faut sacrifier de testes;
De ce glorieux Trône, où brille sa vertu.
Il tend sa main auguste à son Peuple abatu;
Et comme à tous momens la commune misere

Rap-

Rappelle en son grand cœur les tendresses de pere,
Ce cœur se laisse vaincre aux vœux, que j'ay for-
    mez,
Pour faire respirer ce que vous opprimez.
              LA VICTOIRE.
France, j'opprime donc ce que je favorise !
A ce nouveau reproche excusez ma surprise :
J'avois crû jusqu'icy qu'à vos seuls ennemis
Ces termes odieux pouvoient estre permis,
Qu'eux seuls de ma conduite avoient droit de se
        plaindre.
              LA FRANCE.
Vos dõs sont à cherir, mais leur suite est á craindre.
Pour faire deux Heros ils font cent malheureux,
Et ce dehors brillant, que mon nom reçoit d'eux,
M'éclaire á voir les maux, qu'à ma gloire il attache,
Le sang, dõt il m'épuise, & les nerfs, qu'il m'arrache.
              LA VICTOIRE.
Je n'ose condamner de si justes ennuis,
Quãd je voy quels malheurs malgré moy je produis;
Mais ce Dieu, dont la main m'a chez vous affermie,
Vous pardonnera-t'il d'aimer son ennemie ?
Le voila qui paroist, c'est luy-mesme, c'est Mars,
Qui vous lance du Ciel de farouches regards,
Il menace, il descend, appaisez sa colere
Par le prompt desadveu d'un souhait temeraire.

*Le Ciel s'ouvre, & fait voir Mars en posture mena-
çante, un pied en l'air, & l'autre porté sur son Estoille.
Il descend ainsi à un des costez du theatre, qu'il traverse
en parlant, & remonte aussi-tost au mesme lieu, dont il
est party.*

SCENE II.

MARS *en l'air*, LA FRANCE, LA VICTOIRE.

MARS.

France ingrate, tu veux la Paix,
Et pour toute reconnoissance
D'avoir en tant de lieux estendu ta puissance
Tu murmures de mes bienfaits.
Encore un lustre, ou deux, & sous tes Destinées
J'aurois rangé le sort des testes couronnées,
Ton estat n'auroit eu pour bornes que ton choix;
Et tu devois tenir pour asseuré présage,
Voyans toute l'Europe apprendre ton langage,
Que toute cette Europe alloit prendre tes loix.

Tu renonces à cette gloire,
La Paix a pour toy plus d'appas,
Et tu dédaignes la Victoire,
Que j'ay de ma main propre attachée à tes pas.
Voy dãs quels fers sous moy la Discorde & l'Envie
Tiennent cette Paix asservie,
La Victoire t'a dit comme on peut m'appaiser;
J'en veux bien faire encor ta compagne eternelle,
Mais sçaches que je la rapelle,
Si tu manques d'en bien user.

Avant que de disparoistre, ce Dieu en colere contre la France, luy fait voir la Paix, qu'elle demande avec tant d'ardeur, prisonniere dans son Palais, entre les mains de la Discorde & de l'Envie, qu'il luy a données pour Gardes. Ce Palais a pour colomnes des canons, qui ont pour bases des mortiers, & des boulets pour chapiteaux; le tout accompagné pour ornemens, de trompettes, de tambours, & autres instrumens de guerre entrelassez ensemble, & decoupez à jour, qui font comme un second rang de colomnes. Le Lambris est composé de Trophées d'armes, & de tout ce qui peut designer & embellir la demeure de ce Dieu des batailles.

SCENE III.

LA PAIX *prifonniere dans le Ciel*, LA DIS-
CORDE, L'ENVIE *auffi dans le Ciel*,
LA FRANCE, & LA VICTOI-
RE *en Terre*.

LA PAIX prifonniere.

En vain à tes foûpirs il eft inexorable,
  Un Dieu plus fort que luy me va rejoindre à
    toy,
Et tu devras bien-toft ce fuccez adorable
    A cette Reine incomparable,
Dont les foins & l'exemple ont formé ton grand
    Roy.
Ses tendreffes de fœur, fes tendreffes de mere
Peuvent tout fur un fils, peuvent tout fur un frere ;
Beny, France, beny ce pouvoir fortuné,
Beny le choix, qu'il fait d'une Reine comme elle:
Cent Rois en fortiront, dont la gloire immortelle
Fera trembler fous toy l'Univers eftonné,
Et dans tout l'avenir fur leur front couronné
    Portera l'image fidelle
    De celuy, qu'elle t'a donné.

    Ce Dieu, dont le pouvoir fuprême
Eftouffe d'un coup d'œil les plus vieux differents,
Ce Dieu, par qui l'amour plaift à la Vertu mefme,
Et qui borne fouvent l'efpoir des Conquerants,
    Le blond & pompeux Hymenée
Prépare en ta faveur l'éclatante journée,
    Où fa main doit brifer mes fers ;
Ces monftres infolens, dont je fuis prifonniere,
Prifonniers à leur tour au fond de leurs Enfers
Ne pourront mefler d'ombre à fa vive lumiere ;
    A tes cantons les plus deferts
    Je rendray leur beauté premiere,

A 7   Et

Et dans les doux torrents d'une allegresse entiere
Tu verras s'abysmer tes maux les plus amers.

Tu vois comme déja ces deux hautes Puissances,
Que Mars sembloit plonger en d'immortels dis-
     cords,
Ont malgré ses fureurs assemblé sur tes bords
          Les sublimes intelligences,
Qui de leurs grāds Estats meuvent les vastes corps.
          Les surprenantes harmonies
          De ces miraculeux Genies
Sçavent tout balancer, sçavent tout soûtenir :
Leur prudence estoit deuë à cet illustre ouvrage,
          Et jamais on n'eust pû fournir
Aux interests divers de la Seine & du Tage,
Ny zéle plus sçavant en l'art de reünir,
Ny sçavoir mieux instruit du commun avantage.

          Par ces organes seuls ces dignes Potentats
               Se font eux-mesmes leurs arbitres,
Aux conquestes par eux ils donnent d'autres titres,
               Et des bornes á leurs Estats.
Ce Dieu mesme, qu'attend ma longue impatience,
N'a droit de m'affranchir que par leur Conference,
Sans elle son pouvoir seroit mal reconnu.
Mais enfin je le voy, leur accord me l'envoye ;
          France, ouvre ton cœur à la joye,
Et vous, Monstres, fuyez, ce grand jour est venu,

*L'Hymenée paroist couronné de fleurs, portant en sa
main droite un dard semé de lys & de roses, & en la
gauche le portrait de la Reine peint sur son bouclier.*

SCENE IV.

**L'HYMENEE, LA PAIX, LA DIS-
CORDE, L'ENVIE** *dans le Ciel,*
**LA FRANCE, LA VICTOI-
RE** *en Terre.*

LA DISCORDE.

EN vain tu le veux croire, orgueilleuse captive,
Pourrions-nous fuir le secours, qui t'arrive ?

L'ENVIE.

Pourrions-nous craindre un Dieu, qui contre nos fureurs
Ne prend pour armes que des fleurs ?

L'HYMENEE.

Ouy, Monstres, ouy, craignez cette main vangeresse,
Mais craignez encor plus cette grande Princesse,
Pour qui je viens allumer mon flambeau :
Pourriez vous soûtenir les traits de son visage ?
Fuyez, Monstres, à son image,
Fuyez, & que l'Enfer, qui fut vostre berceau
Vous serve à jamais de tombeau.
Et vous, noirs instrumens d'un indigne esclavage,
Tombez, fers odieux, à ce divin aspect,
Et pour luy rendre un prompt hommage,
Aneantissez-vous de honte, ou de respect.

*Il presente ce portrait aux yeux de la Discorde & de
l'Envie, qui trébuchent aussi-tost aux Enfers, & en
suitte il le presente aux chaisnes, qui tiennent la Paix
prisonniere, qui tombent & se brisent tout à l'heure.*

LA PAIX *libre.*

Dieu des sacrez plaisirs, vous venez de me rendre
Un bien, dont les Dieux mesme ont lieu d'estre ja-
loux ;
Mais ce n'est pas assez, il est temps de descendre,
Et de remplir les vœux, qu'en Terre on fait pour
nous.

L'Hy-

L'HYMENEE.

Il en est temps, Déesse, & c'est trop faire attendre
Les effets d'un espoir si doux.
Vous donc, mes Ministres fidelles,
Venez, Amour, & prestez-nous vos aisles.

Quatre Amours descendent du Ciel, deux de chaque
costé, & s'attachent à l'Hymenée & à la Paix, pour
les apporter en Terre.

LA FRANCE.

Peuple, fais voir ta joye à ces Divinitez,
Qui vont tarir le cours de tes calamitez.

CHOEUR DE MUSIQUE.

L'Hymenée, la Paix, & les quatre Amours descen-
dent cependant qu'il chante.

Descens Hymen, & ramenes sur Terre
Les delices avec la Paix,
Descens, objet divin de nos plus doux souhaits,
Et par tes feux esteins ceux de la Guerre.

Aprés que l'Hymenée & la Paix sont descendus, les
quatre Amours remontent au Ciel, premicrement de droit
fil tous quatre ensemble, & puis se separant deux à
deux, & croisant leur vol, en sorte que ceux, qui sont
au costé droit, se retirent à gauche dans les nuës, &
ceux, qui sont à gauche, se perdent dans celles du costé
droit.

SCENE V.

L'HYMENEE, LA PAIX, LA FRANCE, LA VICTOIRE.

LA FRANCE à la Paix.

Adorable souhait des Peuples gemissans,
Seconde seureté des travaux innocens,
Infatigable appuy du pouvoir legitime,
Qui dissipez le trouble, & détruisez le crime,
Protectrice des Arts, mere des beaux loisirs,
Est-ce une illusion, qui flate mes desirs,

Puis-

Puis-je en croire mes yeux, & dans chaque Pro-
		vince
De voſtre heureux retour faire benir mon Prince ?

LA PAIX.

France, apprens que luy-meſme il aime à le devoir
A ces yeux, dont tu vois le ſouverain pouvoir.
Par un effort d'amour repons à leurs miracles,
Fais éclater ta joye en de pompeux ſpectacles.
Ton Theatre a ſouvent d'aſſez riches couleurs
Pour n'avoir pas beſoin d'emprunter rien ailleurs.
Oſes donc, & fais voir que ta reconnoiſſance...

LA FRANCE.

De grace, voyez mieux quelle eſt mon impuiſſan-
		ce.
Eſt-il effort humain, qui jamais ait tiré
Des ſpectacles pompeux d'un ſein ſi déchiré ?
Il faudroit que vos ſoins par le cours des années...

L'HYMENEE.

Ces traits divins n'ont pas des forces ſi bornées,
Mes roſes & mes lys par eux en un moment
A ces lieux deſolez vont ſervir d'ornement.
Promets, & tu verras l'effet de ma parole.

LA FRANCE.

J'entreprendray beaucoup, mais ce qui men conſo-
		le,
C'eſt que ſous voſtre adveu....

L'HYMENEE.

						Va, n'apprehendes rien,
Nous ferons à l'envy nous meſmes ton ſouſtien.
Portes ſur ton Theatre une chaleur ſi belle,
Que des plus heureux temps l'éclat s'y renouvelle,
Nous en partagerons la gloire, & le ſoucy.

LA VICTOIRE.

Cependant la Victoire eſt inutile icy,
Puiſque la Paix y regne. il faut qu'elle s'exile.

LA PAIX.

Non, Victoire, avec moy tu n'es pas inutile.
Si la France en repos n'a plus où t'employer,
Du moins à ſes amis elle peut t'envoyer.
						D'ail-

D'ailleurs, mõ plus grand calme aime l'inquietude
Des combats de prudence, & des combats d'estude,
Il ouvre un champ plus large à ces guerres d'esprits,
Tous les Peuples sans cesse en disputent le prix,
Et comme il fait monter à la plus haute gloire,
Il est bon que la France ait toûjours la Victoire.
Fais-luy donc cette grace, & prens part comme nous
    nous
A ce qu'auront d'heureux des spectacles si doux.

LA VICTOIRE.

J'y consens, & m'arreste aux rives de la Seine,
Pour rendre un long hommage à l'une & l'autre
    Reine,
Pour y prendre à jamais les ordres de son Roy.
Puissay-je en obtenir pour mon premier employ
Ceux d'aller jusqu'aux bouts de ce vaste hemisphe-
    re
Arborer les drapeaux de son genereux frere,
D'aller d'un si grand Prince en mille & mille lieux
Esgaler le grand nom au nom de ses Ayeux,
Le conduire au delà de leurs fameuses traces,
Faire un appuy de Mars du favory des Graces,
Et sous d'autres climats couronner ses hauts faits
Des lauriers, qu'en ceux-cy luy dérobe la Paix.

L'HYMENEE.

Tu vas voir davantage, & les Dieux, qui m'ordon-
    nent
Qu'attendant tes lauriers mes myrthes le couron-
    nent,
Luy vont donner un prix de toute autre valeur,
Que ceux que tu promets avec tant de chaleur.
Cette illustre conqueste a pour luy plus de charmes
Que celles, que tu veux asseurer à ses armes,
Et son œil éclairé par mon sacré flambeau
Ne voit point de trophée ou si noble, ou si beau.
Ainsi, France, à l'envy l'Espagne & l'Angleterre
Aiment à t'enrichir quand tu finis la guerre,
Et la Paix, qui succede à ses tristes efforts
Te liure par ma main leurs plus rares tresors.

LA

LA PAIX.

Allons sans plus tarder mettre ordre à tes specta-
          cles,
Et pour les commencer par de nouveaux miracles,
Toy, que rend tout puissant ce chef-d'œuvre des
          Cieux,
Hymen, fais-luy changer la face de ces lieux,

          L'HYMENEE *seul*.

Naissez à cét aspect, fontaines, fleurs, bocages,
Chassez de ces débris les funestes images,
Et formez des jardins, tels qu'avec quatre mots
Le grand Art de Medée en fit naistre à Colchos.

Tout le Theatre se change en un jardin magnifique,
à la veuë du portrait de la Reine, que l'Hymenée luy
presente.

DECORATION
DU PREMIER ACTE.

CE grand Jardin, qui en fait la Scene, est composé de trois rangs de Cyprés, à costé desquels
on voit alternativement en chaque chassis des Statuës de marbre blanc à l'antique, qui versent de
gros jets d'eau dans de grands bassins, soûtenus
par des Tritons, qui leur servent de piedestal, ou
trois vases portent, l'un des orangers, & les deux
autres diverses fleurs en confusion, champtournées, & decoupées à jour. Les ornemens de ces
vases & de ces bassins sont rehaussez d'or, & ces
Statuës portent sur leurs testes des corbeilles d'or
treillissées, & remplies de pareilles fleurs. Le
Theatre est fermé par une grande arcade de verdure, ornée de festons de fleurs, avec une grande
corbeille d'or sur le milieu, qui en est remplie comme les autres. Quatre autres arcades, qui la sui-
vent, composent avec elle un berceau, qui laisse
voir plus loin un autre Jardin de Cyprés meslez
de quantité d'autres Statuës à l'antique, & la
Perspective du fond borne la veuë par un parterre
encor plus esloigné, au milieu duquel s'esleve une
fontaine avec divers autres jets d'eau, qui ne font
pas le moindre agrément de ce spectacle.

ACTE

ACTE I.

SCENE PREMIERE.

CHALCIOPE, MEDEE.

MEDEE.

P A R M Y ces grands sujets d'allegresse
    publique
Vous portez sur le front un air melan-
    colique,
Vostre humeur paroist sombre, & vous
    semblez, ma sœur,
Murmurer en secret contre nostre bonheur.
La vefve de Phryxus, & la fille d'Aæte,
Plaint-elle de Perses la honte & la deffaite ?
Vous faut-il consoler de ces illustres coups,
Qui partent d'un Heros parent de vostre Epoux ;
Et le vaillant Jason pourroit-il vous déplaire,
Alors que dans son Trône il restablit mon pere ?

CHALCIOPE.

Vous m'offensez, ma sœur ; celles de nostre rang
Ne sçavent point trahir leur païs, ny leur sang,
Et j'ay veu les combats de Perses, & d'Aæte,
Tousiours avec des yeux de fille & de Sujette.
Si mon front porte empraints quelques troubles
    secrets,
Sçachez que je n'en ay que pour vos interests.
J'aime autant que je dois cette haute victoire,
Je veux bien que Jason en ait toute la gloire,
Mais à tout dire enfin, je crains que ce vainqueur
N'en estende les droits jusque sur vostre cœur.
    Je sçay que sa brigade à peine descenduë
Restablit à nos yeux la bataillle perduë,
Que Persés triomphoit, que Styrus estoit mort,
Styrus que pour Epoux vous envoyoit le Sort ;
Jason de tant de maux borna soudain la course,
Il en dompta la force, il en tarit la fource :

Mais

Mais avoüez aussi qu'un Heros si charmant
Vous console bien-tost de la mort d'un amant.
L'éclat, qu'à répandu le bonheur de ses armes,
A vos yeux ébloüis ne permet plus de larmes,
Il sçait les détourner des horreurs d'un cercueil,
Et la peur d'estre ingrate estouffe vostre dueil.
　　Non que je blâme en vous quelques soins de luy
　　　　plaire,
Tant que la guerre icy l'a rendu necessaire ;
Mais je ne voudrois pas que cét empressement
D'un soin estudié fist un attachement.
Car enfin aujourd'huy que la guerre est finie,
Vostre facilité se trouveroit punie,
Et son depart subit ne vous laisseroit plus
Qu'un cœur embarrassé de soucis superflus.

MEDEE.

La remonstrance est douce, obligeante, civile,
Mais à parler sans feinte elle est fort inutile:
Si je n'ay point d'amour, je n'y prens point de part,
Et si j'aime Jason, l'advis vient un peu tard. (crime,
　　Quoy qu'il en soit, ma sœur, nommeriez-vous un
Un vertueux amour, qui suivroit tant d'estime ?
Alors que ses hauts faits luy gaignêt tous les cœurs,
Faut-il que ses soûpirs excitent mes rigueurs,
Que contre ses exploits moy seule je m'irrite,
Et fonde mes dédains sur son trop de merite ?
Mais s'il m'en doit bientost coûter un repentir,
D'où pouvez-vous sçavoir qu'il soit prest à partir ?

CHALCIOPE.

Je le sçay de mes fils, qu'une ardeur de jeunesse
Emporte malgré moy jusqu'à le suivre en Grece,
Pour voir en ces beaux lieux la source de leur sang,
Et de Phryxus leur pere y reprendre le rang.
Deja tous ces Heros au depart se disposent,
Ils ont peine à souffrir que leurs bras se reposent ;
Comme la gloire à tous fait leur plus cher soucy,
N'ayant plus à combatre, ils n'en ont plus icy,
Ils brûlent d'en chercher dessus quelque autre rive,
Tant leur valeur rougit si-tost qu'elle est oisive.

Jason

Jaſon veut ſeulement une grace du Roy...
MEDEE.
Cette grace, ma ſœur, n'eſt ſans doute que moy,
Ce n'eſt plus avec vous qu'il faut que je déguiſe,
Du Chef de ces Heros j'aſſervis la franchiſe ;
De tout ce qu'il a fait, de grand, de glorieux,
Il rend un plein hommage au pouvoir de mes yeux:
Il a vaincu Perſes, il a ſervy mon pere,
Il a ſauvé l'Eſtat, ſans chercher qu'à me plaire,
Vous l'avez veu peut-eſtre, & vos yeux ſont té-
    moins
De combien chaque jour il y donne de ſoins,
Avec combien d'ardeur...
CHALCIOPE.
        Ouy, je l'ay veu moy-meſme
Que pour plaire à vos yeux il prēd un ſoin extréme,
Mais je n'ay pas moins veu cōbien il vous eſt doux
De vous montrer ſenſible aux ſoins, qu'il prend
    pour vous.
Je vous voy chaque jour avec inquietude
Chercher, ou ſa preſence, ou quelque ſolitude,
Et dans ces grands jardins ſans ceſſe repaſſer
Le ſouvenir des traits, qui vous ont ſçeu bleſſer.
En un mot, vous l'aimez, & ce que j'apprehende...
MEDEE.
Je ſuis preſte à l'aimer ſi le Roy le commande,
Mais juſques-là, ma ſœur, je ne fais que ſouffrir
Les ſoûpirs & les vœux, qu'il prēd ſoin de m'offrir.
CHALCIOPE.
Quittez ce faux devoir, dont l'ombre vous amuſe,
Vous irez plus avant ſi le Roy le refuſe,
Et quoy que voſtre erreur vous faſſe preſumer,
Vous obeirez mal, s'il vous deffend d'aimer.
Je ſçay... Mais le voicy que le Prince accompagne.

SCE-

SCENE II.

AÆTES, ABSYRTE, CHALCIOPE, MEDEE.

AÆTES.

Enfin nos ennemis nous cedent la campagne,
Et des Scythes deffaits le camp abandonné,
Nous est de leur déroute un gage fortuné,
Un fidelle témoin d'une victoire entiere :
Mais comme la fortune est souvent journaliere,
Il en faut redouter de funestes retours,
Ou se mettre en estat de triompher toûjours.
    Vous sçavez de quel poids & de quelle importãce
De ce peu d'estrangers s'est fait voir l'assistance.
Quarante, (qui l'eust crû?) quarante à leur abord
D'une Armée abatuë ont relevé le sort,
Du costé des vaincus rappellé la victoire,
Et fait d'un jour fatal un jour brillant de gloire.
    Depuis cét heureux jour que n'ont point fait
        leurs bras ?
Leur Chef nous a paru le Démon des combats,
Et trois fois sa valeur d'un noble effet suivie
Au peril de son sang a dégagé ma vie.
Que ne luy dois-je point ? & que ne dois-je à tous?
Ah, si nous les pouvions arrester parmy nous !
Que ma couronne alors se verroit asseurée!
Qu'il faudroit craindre peu pour la Toison dorée,
Ce tresor, où les Dieux attachent nos Destins,
Et que veulent ravir tant de jaloux voisins ?
    N'y peux-tu rien, Medée, & n'as-tu point de
        charmes,
Qui fixent en ces lieux le bonheur de leurs armes ?
N'est-il herbes ? parfums, ny chans mysterieux,
Qui puissent nous unir ces bras victorieux ?

ABSYRTE.

Seigneur, il est en vous d'avoir cét avantage.
Le charme, qu'il y faut, est tout sur son visage,
Jason

Jaſon l'aime, & je croy que l'offre de ſon cœur
N'en ſeroit pas receuë avec trop de rigeur.
Un favorable aveu pour ce digne Hymenée
Rendroit icy ſa courſe heureuſement bornée,
Son exemple auroit force, & feroit qu'à l'envy
Tous voudroient imiter le Chef, qu'ils ont ſuivy.
Tous ſçauroient comme luy, pour faire une Mai-
　　ſtreſſe,
Perdre le ſouvenir des beautez de leur Grece,
Et tous ainſi que luy permettroient à l'Amour
D'obſtiner des Heros à groſſir voſtre Cour.

A Æ T E S.

Le refus d'un tel heur auroit trop d'injuſtice.
Puis-je d'un moindre prix payer un tel ſervice:
Le Ciel, qui veut pour elle un Epoux eſtranger,
Sous un plus digne joug ne ſçauroit l'engager.
Ouy, j'y conſens, Abſyrte, & tiendray meſme à
　　grace
Que du Roy d'Albanie il rempliſſe la place,
Que la mort de Styrus permette à voſtre ſœur
L'incomparable cnoix d'un ſi grand ſucceſſeur.
　Ma fille, ſi jamais les droits de la naiſſance....

C H A L C I O P E.

Seigneur, je vous répons de ſon obeïſſance,
Mais je ne répons pas que vous trouviez les Grecs
Dans la meſme penſée & les meſmes reſpects.
　Je les connois un peu, vefve d'un de leurs Prin-
　　ces.
Ils ont averſion pour toutes nos Provinces,
Et leur païs natal leur imprime un amour,
Qui par tout les rappelle, & preſſe leur retour.
Ainſi n'eſperez pas qu'il ſoit des Hymenées,
Qui puiſſent à la voſtre unir leur deſtinées.
Ils les accepteront, ſi leur ſort rigoureux
A fait de leur Patrie un lieu mal ſeur pour eux;
Mais le peril paſſé, leur ſoudaine retraite
Vous fera bientoſt voir que rien ne les arreſte,
Et quil n'eſt point de nœud, qui les puiſſe obliger
A vivre ſous les loix d'un Monarque eſtranger.

B　　　　　　　　　Bien

Bien que Phryxus m'aimaft avec quelque ten-
        dreffe,
Je l'ay veu mille fois foûpirer pour fa Grece,
Et quelque illuftre rang, qu'il tinft dans vos Eftats,
S'il euft eu l'accés libre en ces heureux climats,
Malgré ces beaux dehors d'une ardeur empreffée,
Il m'euft fallu l'y fuivre, ou m'en voir delaiffée.
Il femble aprés fa mort qu'il revive en fes fils,
Comme ils ont mefme fang, ils ont mefmes efprits,
La Grece en leur idée eft un fejour celefte,
Un lieu feul digne d'eux, par là jugez du refte.

A Æ T E S.

Faites-les moy venir, que de leur propre voix
J'apprenne les raifons de cet injufte choix.
Et quant à ces Guerriers, que nos Dieux tutelaires
Au falut de l'Eftat rendent fi neceffaires,
Si pour les obliger à vivre mes Sujets
Il n'eft point dans ma Cour d'affez dignes objets,
Si ce nom fur leur front jette tant d'infamie,
Que leur gloire en devienne implacable ennemie,
Subornons cette gloire, & voyons dés demain
Ce que pourra fur eux le nom de Souverain.
Le Trône a fes liens ainfi que l'Hymenée,
Et quand ce double nœud tiēt une ame enchaînée,
Quand l'ambition marche au fecours de l'amour,
Elle étouffe aifément tous ces foins du retour.
Elle triomphera de cette idolatrie,   (Patrie:
Que tous ces grands Guerriers gardent pour leur
Leur Grece a des climats, & plus doux, & meil-
        leurs,
Mais commander icy vaut bien fervir ailleurs.
Partageons avec eux l'éclat d'une Couronne,
Que la bonté du Ciel par leurs mains nous redōne,
D'un biē, qu'ils ont fauvé, je leur dois quelque part,
Je le perdois fans eux, fans eux il court hazard,
Et c'eft toûjours prudence en un peril funefte
D'offrir une moitié pour conferver le refte.

A B S Y R T E.

Vous les connoiffez mal, ils font trop genereux
Pour

Pour vous vendre à ce prix le besoin, qu'on a d'eux.
Aprés ce grand secours, ce seroit pour salaire
Prendre une part du vol, qu'on tâchoit à vous faire,
Vous piller un peu moins sous couleur d'amitié,
Et vous laisser enfin ce reste par pitié.
C'est-là, Seigneur, c'est-là cette haute infamie,
Dont vous verriez leur gloire implacable ennemie.
Le Trône a des splendeurs, dont les yeux éblouïs
Peuvent reduire une ame à l'oubly du païs ;
Mais aussi la Scythie ouverte à nos conquestes
Offre assez de matiere à couronner leurs testes.
Qu'ils regnent, mais par nous, & sur nos ennemis,
C'est-là qu'il faut trouver un Sceptre à nos amis,
Et lors d'un sacré nœud l'inviolable estreinte,
Tirera nostre appuy d'où partoit nostre crainte,
Et l'Hymen unira par des liens plus doux
Des Rois sauvez par eux à des Rois faits par nous.

AÆTES.

Vous regardez trop tost comme vostre heritage
Uu Trône, dont en vain vous craignez le partage :
J'ay d'autres yeux, Absyrte, & vois un peu plus loin.
Je veux bien reserver ce remede au besoin,
Ne faire point cette offre à moins que necessaire ;
Mais s'il y faut venir, rien ne m'en peut distraire.
Les voicy, parlons-leur, & pour les arrester,
Ne leur refusons rien, qu'ils daignent souhaiter.

SCENE III.

AÆTES, ABSYRTE, MEDEE, JASON, PELEE, IPHITE, ORPHEE, AR-GONAUTES.

AÆTES.

Guerriers, par qui mõ sort devient digne d'envie,
Heros, à qui je dois, & le Sceptre, & la vie,
Aprés tant de bien-faits, & d'un si haut éclat,
Voulez-vous me laisser la honte d'estre ingrat ?
Je ne vous fais point d'offre, & dans ces lieux sau-
vages

E 2

Je ne découvre rien digne de vos courages ;
Mais si dans mes Estats, mais si dans mon Palais
Quelque chose avoit pû meriter vos souhaits,
Le choix, qu'en auroit fait cette valeur extrême ,
Luy donneroit un prix, qu'il n'a pas de luy-mesme,
Et je croirois devoir à ce precieux choix
L'heur de vous rédre un peu de ce que je vous dois.

JASON.

Si nos bras animez par vos destins propices
Vous ont rendu , Seigneur, quelques foibles ser-
     vices ,
Et s'il en est encore aprés un sort si doux ,
Que vos commandemens puissent vouloir de nous,
Vous avez en vos mains un trop digne salaire ,
Et pour ce qu'on a fait, & pour ce qu'on peut faire,
Et s'il nous est permis de vous le demander....

AÆTES.

Attendez tout d'un Roy , qui veut tout accorder.
J'en jure le Dieu Mars , & le Soleil mon pere ,
Et me puisse à vos yeux accabler leur colere ,
Si mes sermés pour vous n'ont de si prompts effets,
Que vos vœux dés ce jour se verront satisfaits.

JASON.

Seigneur , j'ose vous dire aprés cette promesse
Que vous voyez la fleur des Princes de la Grece ,
Qui vous demandent tous d'une commune voix
Un tresor , qui jadis fut celuy de ses Rois,
La Toison d'Or , Seigneur , que Phryxus vostre
     gendre ,
Phryxus nostre parent....

AÆTES.
     Ah, que viens-je d'entendre!

MEDEE.

Ah , perfide !

JASON.
     A ce mot vous paroissez surpris !
Nostre peu de secours se met à trop haut prix ;
Mais enfin , je l'advoüe , un si precieux gage
Est l'unique motif de tout nostre voyage.

Telle

Telle est la dure loy, que nous font nos Tyrans,
Que luy seul nous peut rendre au sein de nos pa-
    rens,
Et telle est leur rigueur, que sans cette conqueste
Le retour au pais nous cousteroit la teste.

A Æ T E S.

Ah, si vous ne pouvez y rentrer autrement,
Dure, dure à jamais vostre bannissement.
    Princes, tel est mon sort que la Toison ravie
Me doit coûter le Sceptre, & peut-estre la vie,
De sa perte dépend celle de tout l'Estat,
En former un desir c'est faire un attentat,
Et si jusqu'à l'effet vous pouvez le reduire,
Vous ne m'avez sauvé que pour mieux me détrui-
    re.

J A S O N.

Qui vous l'a dit, Seigneur ? quel tyrannique effroy
Fait cette illusion aux destins d'un grand Roy ?

A Æ T E S.

Vostre Phryxus luy-mesme a servy d'interprete
A ces ordres des Dieux, dont l'effet m'inquiete,
Son Ombre en mots exprés nous les a fait sçavoir.

J A S O N.

A des fantômes vains donnez moins de pouvoir.
Un Ombre est tousiours ombre, & des nuits eter-
    nelles
Il ne sort point de jours, qui ne soient infidelles.
Ce n'est point à l'Enfer à disposer des Rois,
Et les ordres du Ciel n'emprutent point sa voix :
Mais vos bontez par-là cherchent à faire grace
Au trop d'ambition, dont vous voyez l'audace,
Et c'est pour colorer un trop juste refus,
Que vous faites parler cet Ombre de Phryxus.

A Æ T E S.

Quoy ! de mon noir destin la triste certitude
Ne seroit qu'un pretexte à mon ingratitude,
Et quand je vous dois tout, je voudrois essayer
Un mauvais artifice à ne vous rien payer ?   (dire,
Quoy que vous en croyjez, quoy que vous puissiez

Pour vous defabufer partageons mon Empire.
Cette offre peut-elle eftre un refus coloré,
Et répond-elle mal à ce que j'ay juré ?

JASON.

D'autres l'accepteroient avec pleine allegreffe ;
Mais elle n'ouvre pas les chemins de la Grece,
Et ces Heros fortis, ou des Dieux, ou des Rois,
Ne font pas mes Sujets pour vivre fous mes loix.
C'eft à l'heur du retour que leur courage afpire,
Et non pas à l'honneur de me faire un Empire.

AÆTES.

Rien ne peut donc changer ce rigoureux defir ?

JASON.

Seigneur, nous n'avons pas le pouvoir de choifir,
Ce n'eft que perdre temps qu'en parler davantage,
Et vous fçavez à quoy le ferment vous engage.

AÆTES.

Temeraire ferment qui me fait une loy,
Dangereufe pour vous, ou funefte pour moy.
  La Toifon eft à vous, fi vous pouvez la prendre,
Car ce n'eft pas de moy qu'il vous la faut attendre.
Comme voftre Phryxus l'a confacrée à Mars,
Ce Dieu mefme luy fait d'effroyables remparts,
Contre qui tout l'effort de la valeur humaine
Ne peut eftre fuivy que d'une mort certaine.
Il faut pour l'emporter quelque chofe au deffus,
J'ouvriray la carriere, & ne puis rien de plus,
Il y va de ma vie, ou de mon Diadême ;
Mais je tremble pour vous autant que pour moy-
      mefme.
Je croirois faire un crime à vous le déguifer,
Il eft en voftre choix d'en bien, ou mal ufer,
Ma parole eft donnée, il faut que je la tienne,
Mais voftre perte eft feure à moins que de la mien-
      ne.
Adieu, penfez-y bien, toy, ma fille, dy luy
A quels affreux perils il fe livre aujourd'huy.

SCE-

SCENE IV.

MEDEE, JASON, ARGONAUTES.

MEDEE.

Ces perils sont legers.   JASON.

        Ah, divine Princesse.

MEDEE.

Il n'y faut que du cœur, des forces, de l'adresse,
Vous en avez, Jason, mais peut-estre aprés tout
Ce que vous en avez n'en viendra pas à bout.

JASON.

Madame, si jamais...   MEDEE.

        Ne dy rien, temeraire,
Tu ne sçavois que trop quel choix pouvoit me plai-
    re,
Celuy de la Toison ma fait voir tes mépris,
Tu la veux, tu l'auras mais apprens à quel prix.
   Pour voir cette dépoüille au Dieu Mars cõsacrée,
A tous dans sa forest il permet libre entrée ;
Mais pour la conquerir qui s'ose hazarder
Trouve un affreux Dragon commis à la garder.
Rien n'échape à sa veuë, & le sommeil sans force
Fait avec sa paupiere un eternel divorce,
Le combat contre luy ne te sera permis,
Qu'aprés deux fiers Taureaux par ta valeur soûmis:
Leurs yeux sont tous de flame, & leur brûlante ha-
    leine
D'un long embrasement couvre toute la Plaine.
   Vas leur faire souffrir le joug, & l'aiguillon,
Ouvrir du champ de Mars le funeste sillon :
C'est ce qu'il te faut faire,& dãs ce champ horrible
Jetter une semence encore plus terrible,
Qui soudain produira des escadrons armez
Contre la mesme main,qui les aura semez.
Tous si-tost qu'ils naistront en voudront à ta vie,
Je vay moy-mesme à tous redoubler leur furie.
Juges par-là Jason de la gloire, où tu cours,
Et cherches où tu pourras des bras, & du secours.

SCENE V.

JASON, PELEE, IPHITE, ORPHEE, ARGONAUTES.

JASON.

Amis, voila l'effet de voſtre impatience,
  Si j'avois eu ſur vous un peu plus de croyance,
L'amour m'auroit livré ce precieux depoſt,
Et vous l'avez perdu pour le vouloir trop toſt.

PELEE.

L'amour vous eſt bien doux, & voſtre eſpoir tran-
      quille,
Qui vous fit conſumer deux ans chez Hypſipile,
En conſumeroit quatre avec plus de raiſon
A cajoler Medée, & gagner la Toiſon.
Aprés que nos exploits l'ont ſi bien meritée,
Un mot ſeul, un ſouhait deuſt l'avoir emportée;
Mais puiſqu'on la refuſe au ſervice rendu,
Il faut avoir de force un bien, qui nous eſt dû.

JASON.

De Medée en couroux diſſipez donc les charmes,
Côbatez ce Dragon, ces Taureaux, ces Genſdarmes.

IPHITE.

Les Dieux nous ont ſauvez de mille autres dan-
      gers,
Et ſont les meſmes Dieux en ces bords eſtrangers.
Pallas nous a conduits, & Junon de nos teſtes
A parmy tant de mers écarté les tempeſtes,
Ces grands ſecours unis auront leur plein effet,
Et ne laiſſeront point leur ouvrage imparfait.
  Voyez ſi je m'abuſe, amis, quand je l'eſpere,
Regardez de Junon briller la meſſagere,
Iris nous vient du Ciel dire ſes volontez.
En attendant ſon ordre adorons ſes bontez,
Prens ton lut, cher Orphée, & montres à la Déeſſe
Combien ce doux eſpoir charme noſtre triſteſſe.

SCENE VI.

IRIS sur l'Arc en Ciel, JUNON, *&* PAL-
LAS *chacune dans son char,* JASON,

ORPHEE, &c.

Femme & sœur du maistre des Dieux,
De qui le seul regard fait nos destins propices,
Nous as-tu jusqu'icy guidez sous tes auspices,
Pour nous voir perir en ces lieux ?
Côtre des bras mortels tout ce qu'ont pû nos armes
Nous l'avons fait dans les combats,
Contre les Monstres & les charmes
C'est à toy maintenant de nous prester ton bras.

IRIS.

Princes, ne perdez pas courage,
Les deux mesmes Divinitez,
Qui vous ont garantis sur les flots irritez,
Prennent vostre défense en ce climat sauvage.
Icy Junon & Pallas se montrent dans leurs chars.
Les voicy toutes deux, qui de leur propre voix
Vous apprendront sous quelles loix
Le Destin vous promet cette illustre conqueste :
Elles sçauront vous la faciliter,
Escoutez leurs conseils, & tenez l'ame preste
A les executer.

JUNON.

Tous vos bras & toutes vos armes
Ne peuvent rien contre les charmes,
Que Medée en fureur verse sur la Toison ;
L'Amour seul aujourd'huy peut faire ce miracle,
Et Dragon, ny Taureaux ne vous feront obstacle,
Pourveu qu'elle s'appaise en faveur de Jason.
Preste à descendre en Terre afin de l'y reduire,
J'ay pris, & le visage, & l'habit de sa sœur :
Rien ne vous peut servir, si vous n'avez son cœur,
Et si vous le gagnez, rien ne nous sçauroit nuire.

B 5

PAL-

PALLAS.

Pour vous secourir en ces lieux,
Junon change de forme, & va descendre en Terre,
Et pour vous proteger Pallas remonte aux Cieux,
Où Mars & quelques autres Dieux
Vont presser contre vous le Maistre du Tonnerre.
Le Soleil de son fils embrassant l'interest,
Voudra faire changer l'Arrest,
Qui vous laisse esperer la Toison demandée ;
Mais quoy qu'il puisse faire, asseurez-vous qu'enfin
L'Amour sera vostre destin,
Et vous donnera tout, s'il vous donne Medée.

Icy tout d'un temps Iris disparoist, Pallas remonte au Ciel, & Junon descend en Terre en traversant toutes deux le Theatre, & faisant croiser leurs chars.

JASON.

Et bien, si mes conseils..

PELEE.

N'en parlons plus, Jason,
Cet oracle l'emporte, & vous aviez raison.
Aimez, le Ciel l'ordonne, & c'est l'unique voye,
Qu'aprés tant de travaux il ouvre à nostre joye.
N'y perdons point de temps, & sans plus de sejour
Allons sacrifier au tout puissant Amour.

Fin du premier Acte.

DECORATION
DU SECOND ACTE.

LA Riviere du Phase & le Paisage, qu'elle traverse succedét à ce grand Jardin, qui disparoist tout d'un coup. On voit tomber de gros torrents des Rochers, qui servent de rivages à ce Fleuve, & l'éloignement, qui borne la veuë, presente aux yeux divers costaux, dont cette campagne est enfermée.

A C-

ACTE II.

SCENE PREMIERE.

JASON, JUNON sous le visage de Chalciope.

JUNON.

NOus pouvons à l'écart sur ces rives du Phase
Parler en seureté du feu, qui vous embrase,
Souvent voûtre Medée y vient prendre le
    frais,
Et pour y mieux resver s'échape du Palais.
Il faut venir à bout de cette humeur altiere,
De sa sœur tout exprés j'ay pris l'image entiere,
Mon visage a mesme air, ma voix a mesme ton,
Vous m'en voyez la taille, & l'habit, & le nom,
Et je la cache à tous sous un épais nuage,
De peur que son abord ne trouble mon ouvrage.
Sous ces déguisements j'ay déja rétably
Presque en toute sa force un amour effoibly.
L'horreur de vos perils, que redoublent les char-
    mes,
Dans cette ame inquiete excite mille alarmes,
Elle blâme déja son trop d'emportement :
C'est à vous d'achever un si doux changement.
Un soûpir poussé juste en suite d'une excuse
Perce un cœur bien avant quand luy-mesme il s'ac-
    cuse,
Et qu'un secret retour le force à ressentir
De sa fureur trop prompte un tendre repentir.

JASON.

Déesse, quels encens.

JUNON.

                Traitez-moy de Princesse,
Jason, & laissez-là l'encens, & la Déesse,

Quand vous serez en Grece, il y faudra penser;
Mais icy vos devoirs s'en doivent dispenser.
Par ce respect suprême il m'y feroient connoistre,
Laissez-y-moy passer pour ce que je feins d'estre,
Jusqu'à ce que le cœur de Medée adoucy....

JASON.

Madame, (puisqu'il faut ne vous nommer qu'ainsi,)
Vos ordres me seront des loix inviolables,
J'auray pour les remplir des soins infatigables,
Et mon amour plus fort...

JUNON.

Je sçay que vous aimez,
Qne Medée a des traits, dont vos sens sont charmez:
Mais cette passion est-elle en vous si forte,
Qu'à tous autres objets elle ferme la porte?
Ne souffre-t'elle plus l'image du passé?
Le portrait d'Hypsipile est-il tout effacé?

JASON.

Ah!

JUNON.

Vous en soûpirez!

JASON.

Un reste de tendresse
M'échape encor au nom d'une belle Princesse,
Mais comme assez souvent la distance des lieux
Affoiblit dans le cœur ce qu'elle cache aux yeux,
Les charmes de Medée ont aisément la gloire
D'abatre dans le mien l'effet de sa memoire.

JUNON.

Peut-estre elle n'est pas si loin que vous pensez.
Ses vœux de vous attendre enfin se sont lassez,
Et n'ont pû resister à cette impatience,
Dont tous les vrais Amants ont trop d'experience.
L'ardeur de vous revoir l'a hazardée aux flots,
Elle a pris aprés vous la route de Colchos,
Et moy, pour empescher que sa flame importune
Ne rompist sur ces bords tout vostre fortune,
J'ay soûlevé les Vers, qui brisant son vaisseau
Dans les flots mutinez ont ouvert son tombeau.

JA-

JASON.

Helas !

JUNON.

N'en craignez point une funeste issuë ;
Dans son propre Palais Neptune l'a receuë.
Comme il craint pour Pelie, à qui vostre retour
Doit coûter la couronne, & peut-estre le jour,
Il va tâcher d'y mettre un obstacle par elle,
Et vous la renvoira plus pompeuse, & plus belle,
Rattacher vostre cœur à des liens si doux,
Ou du moins exciter des sentimens jaloux,
Qui vous rendent Medée à tel point inflexible,
Que le pouvoir du charme en demeure invincible,
Et que vous perissiez en le voulant forcer,
Ou qu'à vostre conqueste il faille renoncer.
Dés son premier abord une soudaine flame
D'Absyrte à ses beautez livrera toute l'ame,
L'Amour me l'a promis, il en sera charmé ;
Mais vous serez sans doute encor le plus aimé.
Il faut donc prévenir ce Dieu, qui l'a sauvée,
Emporter la Toison avant son arrivée.
Vostre Amante paroist, agissez en Amant
Qui veut en effet vaincre, & vaincre promptement.

SCENE II.

JASON, JUNON, MEDEE.

MEDEE.

Que faites-vous, ma sœur, avec ce temeraire ?
  Quand son orgueil m'outrage, a-t'il dequoy
        vous plaire,
Et vous a-t'il reduite à luy servir d'appuy,
Vous qui parliez tantost, & si haut, contre luy ?

JUNON.

Je suis tousiours sincere, & dans l'idolatrie
Qu'en tous ces Heros Grecs je voy pour leur Patrie,
Si vostre cœur estoit encor à se donner,
Je ferois mes efforts à vous en détourner,

Je vous dirois encor ce que j'ay sçeu vous dire ;
Mais l'amour sur tous deux a déja trop d'empire,
Il vous aime, & je voy qu'avec les mesmes traits.....

MEDEE.

Que dites-vous, ma sœur ? il ne m'aima jamais ;
A quelque complaisance il a pû se contraindre,
Mais s'il feignit d'aimer, il a cessé de feindre,
Et me l'a bien fait voir en demandant au Roy,
En ma presence mesme, un autre prix que moy.

JUNON.

Ne condamnons personne avant que de l'entendre,
Sçavez-vous les raisons, dont il se peut defendre ?
Il m'en a dit quelqu'une, & je ne puis nier,
Non-pas qu'elle suffise à le justifier,
Il est trop criminel, mais que du moins son crime
N'est pas du tout si noir, qu'il l'est dãs vostre estime,
Et si vous la sçaviez, peut-estre à vostre tour
Vous trouveriez moins lieu d'accuser son amour.

MEDEE.

Quoy ! ce lâche tantost ne m'a pas regardée,
Il n'a montré qu'orgueil, que mépris pour Medée,
Et je pourrois encor l'entendre discourir ?

JASON.

Le discours sieroit mal à qui cherche à mourir.
J'ay merité la mort si j'ay pû vous déplaire,
Mais cessez contre moy d'armer vostre colere,
Vos Taureaux, vos Dragons sont icy superflus,
Dites-moy seulement que vous ne m'aimez plus,
Ces deux mots suffiront pour reduire en poussiere..

MEDEE.

Va, quand il me plaira, j'en sçay bien la maniere,
Et si ma bouche encor n'en fulmine l'Arrest,
Rends graces à ma sœur, qui prend ton interest.
Par quel Art, par quel charme as-tu pû la seduire,
Elle, qui ne cherchoit tantost qu'à te détruire ?
D'où vient que mon cœur mesme à demy revolté
Semble vouloir s'entendre avec ta lâcheté,
Et de tes actoins favorable interprete
Ne te peint à mes yeux que tel qu'il te souhaite ?

Par

Par quelle illusion luy-fais-tu cette loy ?
Serois-tu dans mon Art plus grãd maiſtre que moy?
Tu mets dãs tous mes ſens le trouble, & le divorce,
Je veux ne t'aimer plus , & n'en ay pas la force.
Acheve d'éblouïr un ſi juſte couroux
Qu'offuſquent malgré moy des ſentimens trop
      doux ;
Car enfin , & ma ſœur l'a bien pû reconnoiſtre ,
Tout violent qu'il eſt , l'amour ſeul l'a fait naiſtre ,
Il va juſqu'à la haine , & toutefois , helas ,
Je te haïrois peu , ſi je ne t'aimois pas.
Mais parles, & ſi tu peux, mõtres quelque innocẽce.
                     JASON.
Je renonce, Madame , à toute autre défenſe.
Si vous m'aimez encor , & ſi l'amour en vous
Fait naiſtre cette haine , anime ce couroux ,
Puiſque de tous les deux ſa flame eſt triomphante ,
Le couroux eſt propice , & la haine obligeante.
Ouy, puiſque cet amour vous parle encor pour moy,
Il ne vous permet pas de douter de ma foy ,
Et pour vous faire voir mon innocence entiere
Il éclaire vos yeux de toute ſa lumiere ;
De ſes rayons divins le vif diſcernement
Du Chef de ces Heros ſepare voſtre Amant.
    Ces Princes , qui pour vous ont expoſé leur vie,
Sans qui voſtre Province alloit eſtre aſſervie ,
Eux, qui de vos deſtins rompant le cours fatal ,
Tous mes égaux qu'ils ſont , m'ont fait leur Gene-
      ral ,
Eux qui de leurs exploits , eux qui de leur victoire
Ont répandu ſur moy la plus brillant gloire ,
Eux tous ont par ma voix demandé la Toiſon ;
C'eſtoient eux, qui parloiént, ce n'eſtoit pas Jaſon,
Il ne vouloit que vous ; mais pouvoit-il dédire
Ces Guerriers, dont le bras a ſauvé voſtre Empire,
Et par une baſſeſſe indigne de ſon rang
Demander pour luy ſeul tout le prix de leur ſang ?
Pouvois-je les trahir , moy, qui de leurs ſuffrages
De ce rang , où je ſuis tiens tous les avantages ?
                                      Pou-

Pouvois-je avec honneur à ce qu'il a d'éclat
Joindre le nom de lâche, & le titre d'ingrat ?
Auriez-vous pû m'aimer couvert de cette honte ?

JUNON.

Ma sœur, dites le vray, n'estiez-vous point trop
        prompte ?
Qu'a-t'il fait qu'un cœur noble, & vraiment gene-
        reux....

MEDEE.

Ma sœur, je le voulois seulement amoureux.
    En qui sçauroit aimer seroit-ce donc un crime,
Pour montrer plus d'amour, de perdre un peu
        d'estime,
Et malgré les douceurs d'un espoir si charmant,
Faut-il que le Heros fasse taire l'Amant ?
Quel que soit ce devoir, ou ce noble caprice,
Tu me devois, Jason, en faire un sacrifice.
Peut-estre j'aurois pû t'en entendre blâmer,
Mais non pas t'en haïr, non pas t'en moins aimer.
Tout oblige en amour quand l'amour en est cause.

JUNON.

Voyez à quoy pour vous cet amour la dispose.
N'abusez point, Jason, des bontez de ma sœur,
Qui semble se resoudre à vous rendre son cœur,
Et laissez à vos Grecs au peril de leur vie
Chercher cette Toison si chere à leur envie.

JASON.

Quoy, les abandonner en ce pas dangereux ?

MEDEE.

N'as-tu point assez fait d'avoir parlé pour eux ?

JASON.

Je suis leur Chef, Madame, & pour cette conqueste
Mon honneur me condamne à marcher à leur teste,
J'y dois perir comme eux, s'il leur faut y perir.
Et bien-tost à leur teste on m'y verroit courir,
Si j'aimois assez mal pour essayer mes armes
A forcer des perils, qu'ont préparé vos charmes,
Et si le moindre espoir de vaincre malgré vous
N'estoit un attentat contre vostre couroux.

                                    Ouy,

Ouy, ce que nos Deſtins m'ordonnent que j'ob-
   tienne,
Je le veux de vos mains, & non pas de la mienne.
Si ce treſor par vous ne m'eſt point accordé,
Mon bras me punira d'avoir trop demandé,
Et mon ſang à vos yeux ſur ce triſte rivage
De vos juſtes refus eſtalera l'ouvrage.
Vous m'en verrez, Madame, accepter la rigueur,
Voſtre nom en la bouche, & voſtre image au cœur,
Et mon dernier ſoûpir par un pur ſacrifice
Sauver toute ma gloire, & vous rendre juſtice.
Quel heur de pouvoir dire en terminant mon ſort,
Un reſpect amoureux a ſeul cauſé ma mort!
Quel heur de voir ma mort charger la Renommée
De tout ce digne excés, dont vous eſtes aimée,
Et dans tout l'avenir....

MEDEE.

             Va, ne me dy plus rien,
Je feray mon devoir, comme tu fais le tien.
L'honneur doit m'eſtre cher, ſi la gloire t'eſt chere,
Je ne trahiray point mon païs, & mon pere,
Le deſtin de l'Eſtat dépend de la Toiſon,
Et je commence enfin à connoiſtre Jaſon.
   Ces Paniques terreurs pour ta gloire flétrie
Nous deguiſent en vain l amour de ta Patrie,
L'impatiente ardeur d'en voir le doux climat
Sous ces fauſſes couleurs ne fait que trop d'éclat ;
Mais s'il faut la Toiſon pour t'en ouvrir l'entrée,
Va traiſner ton exil de contrée en contrée,
Et ne préſumes pas, pour te voir trop aimé,
Abuſer en Tyran de mon cœur enflamé.
Puiſque le tien s'obſtine à braver ma colere,
Que tu me fais des loix, à moy qui t'en dois faire,
Je reprens cette foy, que tu crains d'accepter,
Et previens un ingrat, qui cherche a me quitter.

JASON.

Moy, vous quitter, Madame! ah, que c'eſt mal
   connoiſtre
Le pouvoir du beau feu, que vos yeux ont fait naiſtre!
                                          Que

Que nos Heros en Grece emportent leur butin,
Jason auprés de vous attache son destin.
Donnez-leur la Toison, qu'ils ont presque acherée,
Ou si leur sang versé l'a trop peu meritée,
Joignez-y tout le mien, & laissez-moy l'honneur
De leur voir de ma main tenir tout leur bonheur.
Que si le souvenir de vous avoir servie
Me reserve pour vous quelque reste de vie,
Soit qu'il faille à Colchos borner nostre sejour,
Soit qu'il vous plaise ailleurs éprouver mon amour,
Sous les climats brûlants, sous les Zones glacées,
Les routes me plairont, que vous m'aurez tracées,
J'y baiseray par tout les marques de vos pas.
Point pour moy de Patrie, où vous ne serez pas,
Point pour moy...
MEDEE.   Quoy, Jason, tu pourrois pour Medée
Estouffer de ta Grece, & l'amour, & l'idée ?
                    JASON.
Je le pourray, Madame, & de plus...

SCENE III.

ABSYRTE, JUNON, JASON, MEDEE.

ABSYRTE.

                                    Ah, mes sœurs,
Quel miracle nouveau va ravir tous nos cœurs ?
Sur ce fleuve mes yeux ont veu de cette roche
Côme un Trône flotāt, qui de nos bords s'approche.
Quatre monstres marins courbent sous ce fardeau,
Quatre nains emplumez le soûtiennent sur l'eau,
Et decoupant les airs par un battement d'aisles,
Luy servent de rameurs, & de guides fidelles.
Sur cet amas brillant de Nacre, & de Coral,
Qui sillonne les flots de ce mouvant cristal,
L'Opale estincelante à la Perle meslée
Renvoye un jour pompeux vers la voûte étoilée.
Les Nymphes de la Mer, les tritons tout autour
Semblent au Dieu caché faire à l'envy leur Cour,
Et sur ces flots heureux, qui tressaillent de joye
                                            Par

Par mille bonds divers ils luy tracent la voye.
Voyez du fond des eaux s'élever à nos yeux
Par un commun accord ces moites Demidieux.
Puiſſent-t'ils ſur ces bords arreſter ce Miracle !
Admirez avec moy ce merveilleux ſpectacle,
Le voilà, qui les ſuit, voyez-le s'avancer.

JASON. *à Junon.*

Ah, Madame.   JUNON.

Voyez ſans vous embaraſſer.

Icy l'on voit ſortir du milieu du Phaſe le Dieu Glauque,
avec deux Tritons, & deux Sirenes, qui chantent, cepen-
dant qu'une grande Conque de Nacre, ſemée de branches
de Coral, & de pierres precieuſes, portée par quatre Dau-
phins, & ſoûtenuë par quatre Vents en l'air, vient inſen-
ſiblement s'arreſter au milieu de ce meſme Fleuve. Tan-
dis qu'elles chantent, le devant de cette Conque merveil-
leuſe fond dans l'eau, & laiſſe voir la Reine Hypſipile
aſſiſe comme dans un Trône, & ſoudain Glauque com-
mande aux Vents de s'envoler, aux Tritons & aux Si-
renes de diſparoiſtre, & au Fleuve de retirer une partie
de ſes eaux, pour laiſſer prendre terre à Hypſipile. Les
Tritons, le Fleuve les Vents, & les Sirenes obeïſſent, &
Glauque ſe perd luy meſme au fond de l'eau ſi-toſt qu'il a
parlé. En ſuite de quoy Abſyrte donne la main à Hy-
pſipile, pour ſortir de cette Conque, qui s'abyſme auſſi-
toſt dans le Fleuve.

SCENE IV.

ABSYRTE, JUNON, MEDEE, JA-SON, GLAUQUE, SYRENES, TRITONS, HYPSIPILE.

Chant des SYRENES.

Telle Venus ſortit du ſein de l'Onde
Pour faire regner dans le monde
Les Jeux, & les plaiſirs, les Graces, & l'Amour,
Telle tous les matins l'Aurore
Sur le ſein émaillé de Flore
Verſe la roſée, & le jour.

Ob-

Objet divin, qui vas de ce rivage
Bannir ce qu'il a de sauvage,
Pour y faire regner les Graces, & l'Amour;
Telle, & plus adorable encore,
Que n'est Venus, que n'est l'Aurore,
Tu vas y faire un nouveau jour.

ABSYRTE.

Quelle beauté, mes sœurs, dans ce Trône enfermée
De son premier coup d'œil a mon ame charmée?
Quel cœur pourroit tenir contre de tels appas?

HYPSIPILE.

Juste Ciel, il me voit, & ne s'avance pas!

GLAUQUE.

Allez Tritons, allez Sirenes,
Allez Vents, & rompez vos chaisnes,
Neptune est satisfait,
Et l'ordre, qu'il vous donne, a son entier effet.
Jason, voy les bontez de ce mesme Neptune,
Qui pour achever ta fortune
A sauvé du naufrage, & renvoye à tes vœux
La Princesse, qui seule est digne de ta flame:
A son aspect r'allume tous tes feux,
Et pour répondre aux siens rens-luy toute ton ame.
Et toy, qui jusques à Colchos
Dois à tant de beautez un asseuré passage,
Fleuve pour un moment retires un peu tes flots,
Et laisses approcher ton rivage.

ABSYRTE.

Princesse, en qui du Ciel les merveilleux efforts
Se font plus d'animer ses plus rares tresors,
Souffrez qu'au nom du Roy, dont je tiens la nais-
sance,
Je vous offre en ces lieux une entiere puissance.
Regnez dans ses estats regnez dans son Palais,
Et pour premier hommage à vos divins attraits...

HYPSIPILE.

Faites moins d'honneur, Prince à mon peu de merite,
Je ne cherche en ces lieux qu'un ingrat, qui m'évite.

Au

Au lieu de m'aborder, Jason, vous pâlissez !
Dites-moy pour le moins si vous me connoissez.

JASON.

Je sçay bien qu'à Lemnos vous estiez Hypsipile,
Mais icy...

HYPSIPILE.

Qui vous rend de la sorte immobile ?
Ne suis-je plus la mesme arrivant à Colchos ?

JASON.

Ouy, mais je n'y suis pas le mesme qu'à Lemnos.

HYPSIPILE.

Dieux, que viens-je d'ouyr?

JASON.　J'ay d'autres yeux, Madame,
Voyez cette Princesse, elle a toute mon ame,
Et pour vous épargner les discours superflus,
Icy je ne connois, & ne voy rien de plus.

HYPSIPILE.

O faveurs de Neptune, où m'avez-vous conduite ?
Et s'il commence ainsi, quelle sera la suite ?

MEDEE.

Non, non, Madame, non, je ne veux rien d'autruy,
Reprenez vostre amant, je vous laisse avec luy.
　Ne m'offres plus un cœur, dont une autre est mai-
　　stresse,
Volage, & reçoy mieux cette grande Princesse.
Adieu, des yeux si beaux valent bien la Toison.

JASON *à Junon*.
Ah, Madame voyez qu'avec peu de raison...

JUNON.

Suivez sans perdre temps, je sçauray vous rejoindre.
　Madame, on vous trahit, mais vostre heur n'est
　　pas moindre :
Mon frere, qui s'appreste à vous conduire au Roy
N'a pas moins de merite, & tiendra mieux sa foy.
Si je le connois bien, vous avez qui vous vange,
Et si vous m'en croyez, vous gagnerez au change.
Je vous laisse en resoudre, & prens quelques mo-
　　ments
Pour restablir le calme entre ces deux Amants.

SCE-

SCENE V.

ABSYRTE, HYPSIPILE.

ABSYRTE.

Madame, si j'osois dans le trouble, où vous estes,
    Montrer à vos beaux yeux des peines plus se-
        crettes,
Si j'osois faire voir à ces divins Tyrans
Ce qu'ont déja soûmis de si doux conquerants,
Je mettrois à vos pieds le Trône, & la Couronne,
Où le Ciel me destine, & que la sang me donne.
Mais puisque vos douleurs font taire mes desirs,
Ne vous offensez pas du moins de mes soûpirs,
Et tant que le respect m'imposera silence,
Expliquez-vous pour eux toute leur violence.

HYPSIPILE.

Prince, que voulez-vous d'un cœur préoccupé,
Sur qui domine encor l'ingrat, qui l'a trompé.
Si c'est à mon amour une peine cruelle,
Où je cherche un Amant, de voir un infidelle,
C'est un nouveau supplice à mes tristes appas,
De faire une conqueste, où je n'en cherche pas.
Non, que je vous méprise, & que vostre personne
N'eust dequoy me toucher plus que vôtre Courōne:
Le Ciel me donne un Sceptre en des climats plus
        doux,
Et de tous vos Estats je ne voudrois que vous.
Mais ne vous flatez point sur ces marques d'estime,
Qu'en mon cœur, tel qu'il est, vostre presence im-
        prime ;
Quand l'Univers entier vous cōnoistroit pour Roy,
Que pourrois-je pour vous, si je ne suis à moy ?

ABSYRTE.

Vous y ferez, Madame, & pourrez toute chose.
Le change de Jason déja vous y dispose,
Et pour peu qu'il soutienne encor cette rigueur,
Le dépit malgré vous vous rendra vostre cœur.
D'un si volage Amant que pourriez-vous attendre ?
                                            HY-

H Y P S I P I L E.

L'inconstance me l'oste, elle peut me le rendre.

A B S Y R T E.

Quoy, vous pourriez l'aimer, s'il rentroit sous vos
    loix,
En devenant perfide une seconde fois ?

H Y P S I P I L E.

Prince, vous sçavez mal combien charme un coura-
Le plus frivole espoir de reprendre un volage,   (ge
De le voir malgré luy dans nos fers retombé
Eschaper à l'objet, qui nous l'a dérobé,
Et sur une rivale, & confuse, & trompée,
Ressaisir avec gloire une place usurpée.
Si le Ciel en couroux m'en refuse l'honneur,
Du moins je serviray d'obstacle à son bonheur.
Cependant esteignez une flame inutile,
Aimez en d'autres lieux, & plaignez Hypsipile,
Et s'il vous reste encor quelque bonté pour moy,
Aidez contre un ingrat ma plainte auprés du Roy.

A B S Y R T E.

Vostre plainte, Madame, auroit pour toute issuë
Un nouveau déplaisir de la voir mal receuë :
Le Roy le veut pour Gendre, & ma sœur pour
    Epoux.

H Y P S I P I L E.

Il me rendra justice, un Roy la doit à tous,
Et qui la sacrifie aux tendresses de pere,
Est d'un pouvoir si saint mauvais dépositaire.

A B S Y R T E.

A quelle rude épreuve engagez-vous ma foy,
De me forcer d'agir contre ma sœur, & moy ?
Mais n'importe, le temps & quelque heureux ser-
    vice
Pourront à mon amour vous rendre plus propice ;
Tandis, souvenez-vous que jusqu'à se trahir
Ce Prince malheureux cherche à vous obeïr.

Fin du second Acte

D E-

DECORATION
DU TROISIEME ACTE.

Nos Theatres n'ont encor rien fait paroiſtre de ſi brillant, que le Palais du Roy Aæte, qui ſert de Decoration à cet Acte. On y voit de chaque coſté deux rangs de colomnes de Jaſpe torſes, & environnées de pampres d'or à grands fueillages, champtournées, & decoupées à jour, au milieu deſquelles ſont des Statuës d'or à l'Antique, de grandeur naturelle. Les friſes, les feſtons, corniches, & les chapiteaux ſont pareillement d'or, & portent pour finiſſemens des vaſes de porcelaine, d'où ſortent de gros bouquets de fleurs au naturel. Les baſes & les piedeſtaux ſont enrichis de baſſes tailles, où ſont peintes diverſes Fables de l'Antiquité. Un grand portique doré, ſoûtenu par quatre autres colomnes dans le meſme ordre fait la face du Theatre, & eſt ſuivy de cinq ou ſix autres de meſme maniere, qui forment par le moyen de ces colomnes comme cinq galleries, où la veuë s'enfonçant découvre ce meſme jardin de Cyprés, qui a paru au premier Acte.

AC-

ACTE III.

SCENE PREMIERE.

AÆTES, JASON.

AÆTES.

Je vous devois affez pour vous donner Medée ,
Jafon , & fi tantoft vous l'aviez demandée ,
Si vous m'aviez parlé comme vous me parlez ,
Vous auriez obtenu le bien, que vous voulez.
Mais en eft-il faifon au jour d'une conquefte ,
Qui doit faire tomber mon Trône , ou voftre tefte ,
Et vous puis-je accepter pour gendre,& vous cherir,
S'il vous faut dans une heure , ou me perdre, ou pe-
    rir?
Pretendre à la Toifon par l'Hymen de ma fille ,
C'eft pour m'affaffiner s'unir à ma famille,
Et fi vous abufez de ce que j'ay promis,
Vous eftes le plus grand de tous mes ennemis.
Je ne m'en puis dédire , & le ferment me lie ,
Mais fi tant de perils vous laiffent quelque vie,
Aprés avor perdu ce Roy , que vous bravez ,
Allez porter vos vœux à qui vous les devez :
Hypfipile vous aime , elle eft Reine , elle eft belle ,
Fuyez noftre vangeance , & regnez avec elle.

JASON.

Quoy, parler de vangeance, & d'un œil de couroux
Voir l'immuable ardeur de m'attacher à vous!
Vous préfumer perdu fur la foy d'un fcrupule,
Qu'embraffe aveuglement voftre ame trop credule,
Comme fi fur la peau d'un chetif animal
Le Ciel avoit efcrit tout voftre fort fatal !
Ce que l'Ombre a prédit, fi vous daignez l'entédre ,
Ne met aucun obftacle aux prieres d'un gendre.
Me donner la Princeffe , & pour dot la Toifon ,
Ce n'eft que l'affeurer dedans voftre maifon,
Puifque par les doux nœuds de ce bonheur fupréme

C   Je

Je deviendray soudain une part de vous mesme,
Et que ce mesme bras, qui vous a pû sauver,
Sera toûjours armé pour vous la conserver.

AÆTES.

Vous prenez un peu tard une mauvaise adresse.
Nos esprits sont plus lourds que ceux de vostre
　　　Grece ;
Mais j'ay d'assez bons yeux, dans un si juste effroy,
Pour démesler sans peine un gendre d'avec moy.
Je sçay que l'union d'un époux à ma fille,
De mon sang & du sien forme une autre famille,
Et que si de moy-mesme elle fait quelque part,
Cette part de moy-mesme a ses destins à part.

　　Ce que l'ombre a prédit se fait assez entendre,
Cessez de vous forcer à devenir mon gendre ;
Ce seroit un honneur, qui ne vous plairoit pas,
Puisque la Toison seule a pour vous des appas,
Et que si mon malheur vous l'avoit accordée,
Vous n'auriez jamais fait aucuns vœux pour Me-

JASON.　　　　　　　　　　(dée.

C'est faire trop d'outrage à mon cœur enflamé,
Dés l'abord je la vis, dés l'abord je l'aimay,
Et mon amour n'est pas un amour Politique,
Que le besoin colore, & que la crainte explique.
Mais n'ayant que moy-mesme à vous parler pour
　　　moy,
Je n'osois esperer d'estre écouté d'un Roy,
Ny que sur ma parole il me creust de naissance
A porter mes desirs jusqu'à son alliance.
Maintenant qu'une Reine a fait voir que mon sang
N'est pas fort au dessous de cet illustre rang,
Qu'un refus de son Sceptre aprés vostre victoire
Montre qu'on peut m'aimer sans hazarder sa gloi-
　　　re,
J'ose un peu moins timide offrir avec ma foy
Ce que veut une Reine à la fille d'un Roy.

AÆTES.

Et cette mesme Reine est un exemple illustre,
Qui met tous vos hauts faits en leur plus digne lu-
　　　stre.　　　　　　　　　　　　　　　L'effat,

L'eſtat, où la reduit voſtre fidelité,
Nous inſtruit hautement de cette verité,
Que ma fille avec vous ſeroit fort aſſeurée,
Sur les gages douteux d'une foy parjurée.
Ce Trône refuſé, dont vous faites le vain,
Nous doit donner à tous horreur de voſtre main.
Il ne faut pas ainſi ſe joüer des Couronnes,
On doit toûjours reſpect au Sceptre, à nos perſon-
    nes :
Mépriſer cette Reine en preſence d'un Roy,
C'eſt manquer de prudence auſſi bien que de foy.
Le Ciel nous unit tous en ce grand caractere,
Je ne puis eſtre Roy, ſans eſtre auſſi ſon frere,
Et ſi vous eſtiez né mon Sujet, ou mon fils,
J'aurois déja puny l'orgueil d'un tel mépris.
Mais l'unique pouvoir, que ſur vous je puis prendre,
C'eſt de vous ordonner de la voir, de l'entendre.
La voilà, penſez bien que tel eſt voſtre ſort,
Que vous n'avez qu'un choix, Hypſipile, ou la mort.
Car à vous en parler avec pleine franchiſe,
Ma perte dépend bien de la Toiſon conquiſe,
Mais je ne dois pas craindre en ces perils nouveaux
Que voſtre vie échape aux feux de nos Taureaux.

SCENE II.

AÆTES, HYPSIPILE, JASON.

AÆTES.

Madame, j'ay parlé, mais toutes mes paroles
    Ne ſont auprés de luy que des diſcours frivoles,
C'eſt à vous d'eſſayer ce que pourront vos yeux,
Comme ils ont plus de force, ils reüſſiront mieux.
Arrachez-luy du ſein cette funeſte envie,
Qui dans ce meſme jour luy va coûter la vie ;
Je vous devray beaucoup ſi vous touchez ſon cœur,
Juſques à le ſauver de ſa propre fureur :
Devant ce que je dois au ſecours de ſes armes,
Rompre ſon mauvais ſort, c'eſt épargner nos lar-
    mes.

SCENE III.

HYPSIPILE, JASON.

HYPSIPILE.

Et bien Jason, la mort a-t'elle de tels biens,
   Qu'elle soit plus aimable à vos yeux que les
      miens,
Et sa douceur pour vous seroit-elle moins pure,
Si vous n'y joigniez l'heur de mourir en parjure ?
Ouy, ce glorieux tiltre est si doux à porter,
Que de tout vostre sang il le faut achepter.
Le mépris, qui succede à l'amitié passée,
D'une seule douleur m'auroit trop peu blessée ;
Pour mieux punir ce cœur d'avoir sçeu vous che-
      rir,
Il faut vous voir ensemble, & changer, & perir,
Il faut que le tourment d'estre trop tost vangée
Se mesle aux déplaisirs de me voir outragée,
Que l'amour au dépit ne cedant qu'à moitié,
Si-tost qu'il est banny, rentre par la pitié,
Et que ce mesme feu, que je devrois esteindre
M'oblige à vous haïr, & me force à vous plaindre.
   Je ne t'empesche pas volage, de changer,
Mais du moins en changeät laisses-moy me vanger.
C'est estre trop cruel, c'est trop croistre l'offense,
Que m'oster à la fois ton cœur & ma vangeance,
Le supplice, où tu cours la va trop tost finir,
Ce n'est pas me vanger, ce n'est que te punir,
Et toute sa rigueur n'a rien, qui me soulage,
S'il n'est de mon souhait, & le choix, & l'ouvrage.
   Helas, si tu pouvois le laisser à mon choix,
Ton supplice seroit de rentrer sous mes loix,
De m'attacher à toy d'une chaine plus forte,
Et de prendre en ta main le Sçeptre, que je porte.
Tu n'as qu'à dire un mot, ton crime est effacé,
J'ay déja si tu veux oublié le passé :
Mais qu'inutilement je me montre si bonne,   (ne.
Quand tu cours à la mort de peur qu'on te pardon-
                                                   Quoy,

Quoy, tu ne répons rien, & mes plaintes en l'air
N'ont rien d'assez puissant pour te faire parler ?

J A S O N.

Que voulez-vous, Madame, icy que je vous die ?
Je ne connois que trop quelle est ma perfidie,
Et l'estat, où je suis ne sçauroit consentir,
Que j'en fasse une excuse, ou montre un repentir.
Aprés ce que j'ay fait, aprés ce qui se passe,
Tout ce que je dirois auroit mauvaise grace.
Laissez dans le silence un coupable obstiné,
Qui se plaist dans son crime, & n'en est point gêné.

H Y P S I P I L E.

Parles toutefois, parles, & non plus pour me plaire,
Mais pout rendre la force à ma juste colere :
Parles pour m'arracher ces tendres sentimens,
Que l'Amour enracine au cœur des vrais Amants ;
Repasses mes bontez, & tes ingratitudes,
Joins-y, si tu le peux, des coups encor plus rudes,
Ce sera m'obliger, ce sera m'obeïr,
Je te devray beaucoup, si je te puis haïr,
Et si de tes forfaits la peinture estenduë
Ne laisse plus flotter ma haine suspenduë.

J A S O N.

Que diray-je aprés tout que ce que vous sçavez ?
Madame, rendez-vous ce que vous vous devez.
Il n'est pas glorieux pour une grande Reine
De montrer de l'amour, & devoir de la haine,
Et le sexe & le rang se doivent souvenir
Qu'il leur sied bien d'attendre, & non de prévenir,
Et que c'est profaner la dignité suprême
Que de luy laisser dire, *on me trahit, & j'aime.*

H Y P S I P I L E.

Je le puis dire, ingrat, sans blesser mon devoir,
C'est mon époux en toy que le Ciel me fait voir,
Du moins si la parole & receuë & donnée
A des nœuds assez forts pour faire un Hymenée.
Ressouviens-t'en, volage, & des chastes douceurs
Qu'un mutuel amour répandit dans nos cœurs.
Je te laissay partir afin que ta conqueste

C 3

Remist

Remist sous mon empire une plus digne teste,
Et qu'une Reine eust droit d'honorer de son choix
Un Heros, que son bras eust fait égal aux Roys.
J'attendois ton retour pour pouvoir avec gloire
Recompenser ta flame, & payer ta victoire,
Et quand jusques icy je t'apporte ma foy,
Je trouve en arrivant que tu n'es plus à moy.
Helas! je ne craignois que tes beautez de Grece,
Et je voy qu'une Scythe a rompu ta promesse,
Et qu'un climat barbare a des traits assez doux
Pour m'avoir de mes bras enlevé mon époux.
Mais dy-moy, ta Medée est-elle si parfaite?
Ce que cherche Jason vaut-il ce qu'il rejette?
Malgré ton cœur changé j'en fais juges tes yeux.
Tu soûpires en vain, il faut t'expliquer mieux,
Ce soûpir échapé me dit bien quelque chose,
Toute autre l'entendroit, mais sans toy je ne l'ose.
Parles donc, & sans feinte, où porte-t'il ta foy?
Va-t'il vers ma rivale, ou revient-il à moy?

JASON.

Osez autant qu'une autre, entendez-le, Madame,
Ce soûpir, que vers vous pousse toute mon ame,
Et concevez pas-là jusqu'où vont mes malheurs,
De soûpirer pour vous & de pretendre ailleurs.
Il me faut la Toison, il y va de la vie
De tous ces Demy-Dieux, que brûle mesme envie,
Il y va de ma gloire, & j'ay beau soûpirer,
Sous cette tyrannie il me faut expirer.
J'en perds tout mon bonheur, j'en perds toute ma
        joye,
Mais pour sortir d'icy je n'ay que cette voye,
Et le mesme interest, qui vous fit consentir,
Malgré tout vostre amour, à me laisser partir,
Le mesme me dérobe icy vostre Couronne;
Pour faire ma conqueste il faut que je me donne,
Que pour l'objet aimé j'affecte des mépris,
Que je m'offre en esclave, & me vende à ce prix.
Voilà ce que mon cœur vous dit quand il soûpire.
Ne me condamnez plus, Madame, à le redire,

Si

Si vous m'aimez encor , de pareils entretiens
Peuvent aigrir vos maux , & redoublent les miens,
Et cét adveu d'un crime, où le Destin m'attache ,
Grossit l'indignité des remors , que je cache.
Pour me les épargner , vous voyez qu'en ces lieux
Je fuy vostre presence , & j'évite vos yeux.
.L'Amour vous montre aux miens toûjours char-
          mante , & belle ,
Chaque moment allume une flame nouvelle ;
Mais ce qui de mon cœur fait les plus chers desirs ,
De mon change forcé fait tous lés déplaisirs ,
Et dans l'affreux supplice, où me tient vostre veuë ,
Chaque coup d'œil me perce,& chaque instant me
          tuë.
Vos bontez n'ont pour moy que des traits rigou-
          reux ,
Plus je me vois aimé , plus je suis malheureux ;
Plus vous me faites voir d'amour , & de merite,
Plus vous haussez le prix des tresors , que je quitte,
Et l'excés de ma perte allume une fureur,   (reur.
Qui me donne moy-mesme à moy-mesme en hor-
Laissez-moy m'affranchir de la secrette rage ,
D'estre en dépit de moy déloyal & volage ,
Et puisqu'icy le Ciel vous offre un autre époux ,
D'un rang pareil au vostre , & plus digne de vous ,
Ne vous obstinez point à gêner une vie ,
Que de tant de malheurs vous voyez poursuivie ,
Oubliez un ingrat , qui jusques au trépas ,
Tout ingrat qu'il paroist , ne vous oublîra pas ,
Apprenez à quitter un lâche, qui vous quitte.
          HYPSIPILE.
Tu te confesses lâche , & veux que je t'imite ,
Et quand tu fais effort pour te justifier ,
Tu veux que je t'oublie , & ne peux m'oublier !
Je voy ton artifice , & ce que tu medites.
Tu veux me conserver , alors que tu me quittes ,
Et par les attentats d'un flateur entretien
Me dérober ton cœur , & retenir le mien :
Tu veux que je te perde , & que je te regrette ,
          C 4   Que

Que j'approuve en pleurant la perte, que j'ay faite,
Que je t'eftime, & t'aime avec ta lâcheté,
Et me prenne de tout à la fatalité.

Le Ciel l'ordonne ainfi, ton change eft legitime,
Ton innocence eft feure au milieu de ton crime,
Et quand tes trahifons preffent leur noir effet,
Ta gloire, ton devoir, ton deftin a tout fait.

Reprens, reprens, Jafon tes premieres rudeffes,
Leur coup m'eft bien plus doux que tes fauffes ten-
　　dreffes,
Tes remords impuiffants aigriffent mes douleurs,
Ne me rends point ton cœur, quand tu te vends
　　ailleurs.
D'un cœur, qu'on ne voit pas, l'offre eft lâche, &
　　barbare,　　　　　　　　　　　　　　　(pare,
Quand de tout ce qu'on voit un autre objet s'em-
Et c'eft faire un hommage, & ridicule, & vain,
De prefenter le cœur, & retirer la main,

JASON.

L'un & l'autre eft à vous, fi....

HYPSIPILE.

　　　　　　　　　　　N'acheves pas, traiftre,
Ce que tu veux cacher fe feroit trop paroiftre,
Un veritable amour ne parle point ainfi.

JASON.

Trouvez donc les moyens de nous tirer d'icy.
La Toifon emportée il agira, Madame,
Ce veritable amour, qui vous donne mon ame,
Sinon.... Mais, Dieux, que voy-je ? O Ciel ! je fuis
　　perdu,
Si j'ay tant de malheur, qu'elle m'aye entendu.

SCENE IV.

MEDEE, HYPSIPILE.

MEDEE.

Vous l'avez veu, Madame, eftes-vous fatisfaite ?

HYPSIPILE.

Vous en pouvez juger par fa prompte retraite.

MEDEE.
Elle marque le trouble, où fon cœur eft reduit,
Mais j'ignore aprés tout s'il vous quitte, ou me fuit.

HYPSIPILE.   (fe ?
Vous pouvez donc, Madame, ignorer quelque cho-

MEDEE.
Je fçay que s'il me fuit, vous en eftes la caufe.

HYPSIPILE.
Moy, je n'en fçay pas tant, mais j'advouë entre nous
Que s'il faut qu'il me quitte il a befoin de vous.

MEDEE.
Ce que vous en penfez me donne peu d'alarmes.

HYPSIPILE.
Je n'ay que des attraits, & vous avez des charmes,

MEDEE
C'eft beaucoup en amour, que de fçavoir charmer.

HYPSIPILE.
Et c'eft beaucoup auffi que de fe faire aimer.

MEDEE.
Si vous en avez l'art, j'ay celuy d'y contraindre.

HYPSIPILE.
A faute d'eftre aimée on peut fe faire craindre.

MEDEE.
Il vous aima jadis ?

HYPSIPILE.
                    Peut-eftre il m'aime encor,
Moins que vous toutefois, ou que la Toifon d'Or.

MEDEE.
Du moins quand je voudray flater fon efperance,
Il fçaura de nous deux faire la difference.

HYPSIPILE.
J'en voy la difference affez grande à Colchos,
Mais elle feroit autre, & plus grande à Lemnos :
Les lieux aidët au choix, & peut-eftre qu'en Grece
Quelque troifiéme objet furprendroit fa tendreffe.

MEDEE.
J'apprehende affez peu qu'il me manque de foy.

HYPSIPILE.
Vous eftes plus adroite, & plus belle que moy,

                    C 5   Tant

Tant qu'il aura des yeux, vous n'avez rien à craindre.

MEDEE.

J'allume peu de feux, qu'une autre puiſſe eſteindre,
Et puiſqu'il me promet un cœur ferme, & cõſtant...

HYPSIPILE.

Autrefois à Lemnos il m'en promit autant.

MEDEE.

D'un Amant, qui s'en va, de quoy ſert la parole ?

HYPSIPILE.

A montrer qu'õ vous peut voler ce qu'on me vole.
Ces beaux feux, qu'en mõ Iſle il n'oſoit démentir...

MEDEE.

Eurent un peu de tort de le laiſſer partir.

HYPSIPILE.

Comme vous en aurez, ſi iamais ce volage
Porte à quelque autre objet ce qu'il vous rend
d'hommage.

MEDEE.

Les captifs mal gardez ont droit de nous quitter.

HYPSIPILE.

J'avois quelque merite, & n'ay pû l'arreſter.

MEDEE.

J'en ay peu, mais enfin s'il fait plus que le voſtre ?

HYPSIPILE.

Vous auriez lieu de croire en valoir bien un autre :
Mais prenez moins d'appuy ſur un cœur uſurpé,
Il peut vous échaper, puiſqu'il m'eſt échapé.

MEDEE.

Voſtre eſprit n'eſt remply que de mauvais augures.

HYPSIPILE.

On peut ſur le paſſé former ſes conjectures.

MEDEE.

Le paſſé mal conduit n'eſt qu'un miroir trompeur,
Où l'œil bien éclairé ne fonde eſpoir, ny peur.

HYPSIPILE.

Si j'ay conceu pour vous des craintes mal fondées..

MEDEE.

Laiſſons faire Jaſon, & gardons nos idées.

HY-

HYPSIPILE.

Avec sincerité je dois vous advoüer
Que j'ay quelque sujet encor de m'en loüer.

MEDEE.

Avec sincerité je dois aussi vous dire
Qu'assez mal aisément on sort de mon empire,
Et que quand jusqu'à moy j'ay permis d'aspirer,
On ne s'abaisse plus à vous considerer.
Profitez des advis, que ma pitié vous donne.

HYPSIPILE.

A vous dire le vray cette hauteur m'estonne.
Je suis Reine, Madame, & les fronts couronnez...

MEDEE.

Et moy, je suis Medée, & vous m'importunez.

HYPSIPILE.

Cet indigne mépris, que de mon rang vous faites...

MEDEE.

Connoissez-moy, Madame, & voyez où vous estes.
Si Jason pour vos yeux ose encor soûpirer,
Il peut chercher des bras à vous en retirer.
Adieu, souvenez-vous, au lieu de vous en plaindre,
Qu'à faute d'estre aimée on peut se faire craindre.

Ce Palais doré se change en un Palais d'horreur, si-
tost que Medée a dit le premier de ces cinq derniers Vers.
Tout ce qu'il y a d'épouvantable en la Nature y sert de
Termes. L'Elephant, le Rhinocerot, le Lion, l'Once,
les Tigres, les Leopards, les Pantheres, les Dragons, les
Serpents, tous avec leurs Antipathies à leurs pieds, y
lancent des regards menaçans. Une grotte obscure borne
la veüe, au travers de laquelle l'œil ne laisse pas de dé-
couvrir un éloignement merveilleux, que fait la Perspec-
tive. Quatre Monstres aislez, & quatre rampants en-
ferment Hypsipile, & semblent prests à la devorer.

SCENE V.

HYPSIPILE.

Que vois-je ? où suis-je ? ô Dieux ! quels abysmes ouverts
Exhalent jusqu'à moy les vapeurs des Enfers !

Que d'yeux eftincelans fous d'horribles paupieres
Méflent au jour, qui fuit, d'effroyables lumieres !
O toy, qui crois par là te faire redouter,
Si tu l'as efperé, ceffes de t'en flater.
Tu perds de ton grand Art la force, ou l'impofture,
A t'armer contre moy de toute la Nature.
L'amour au defefpoir ne peut craindre la mort,
Dãs un pareil naufrage elle ouvre un heureux port.
Haftez Monftres, haftez voftre approche fatale,
Mais immoler ainfi ma vie à ma rivale !
Cette honte eft pour moy pire que le trépas,
Je ne veux plus mourir, Monftres, n'avancez pas.

UNE VOIX *derriere le Theatre.*
Monftres, n'avancez pas, une Reine l'ordonne,
Refpectez fes appas,
Suivez les loix, qu'elle vous donne,
Monftres, n'avancez pas.
Les Monftres s'arreftent, fi-toft que cette voix chante.

HYPSIPILE.
Quel favorable Echo pendant que je foûpire
Repete mes frayeurs avec un tel empire,
Et d'où vient que frappez par ces divins accents
Ces Monftres tout à coup deviennent impuiffants ?

LA VOIX.
C'eft l'Amour, qui fait ce miracle,
Et veut plus faire en ta faveur,
N'y mets donc point d'obftacle,
Aimes qui t'aime, & donnes cœur pour cœur.

HYPSIPILE.
Quel prodige nouveau ! cét amas de nuages
Vient-il deffus ma tefte éclater en orages ?   (but?
Vous qui nous gouvernez, Dieux, quel eft voftre
M'annoncez-vous par là ma perte, ou mon falut ?
Le nuage defcend, il s'arrefte, il s'entr'ouvre,
Et je voy... Mais ô Dieux, qu'eft-ce que j'y décou-
feroit-ce bien le Prince ?   (vre?

Un nuage defcend jufqu'à terre, & s'y feparant en
deux moitiez, qui fe perdent chacune de fon cofté il laiffe
fur le Theatre le Prince Abfyrte.

SCE-

SCENE VI.

ABSYRTE, HYPSIPILE.

ABSYRTE.

Ouy , Madame, c'eſt luy ,
Dont l'amour vous apporte un ferme & ſeur appuy.
Le meſme qui pour vous courant à ſon ſupplice
Contre un ingrat trop cher a demandé juſtice ,
Le meſme vient encor diſſiper voſtre peur.
J'ay parlé contre moy , j'agis contre ma ſœur ,
Et ſi-toſt que je voy quelque eſpoir de vous plaire ,
Je ne me connoy plus , je ceſſe d'eſtre frere.
Monſtres , diſparoiſſez , fuyez de ces beaux yeux ,
Que vous avez en vain obſedez en ces lieux.
Tous les Monſtres s'envolent , ou fondent ſous terre ,
& Abſyrte continuë.
Et vous , divin objet , n'en ayez plus d'alarmes ,
Pour détruire le reſte il faudroit d'autres charmes ,
Contre ceux , qu'on preſſoit de vous faire perir ,
Je n'avois pas les Airs , par où vous ſecourir ,
Et d'un Art tout-puiſſant les forces inconnuës
Ne me laiſſoient ouvert que le milieu des nues :
Mais le mien, quoy que moindre, a pleine authorité
De nous faire ſortir d'un ſejour enchanté.
Allons , Madame.

HYPSIPILE.

Allons, Prince trop magnanime,
Prince digne en effet de toute mon eſtime.

ABSYRTE.   (ſtants?

N'aurez-vous rien de plus pour des vœux ſi con—
Et ne pourray-je...

HYPSIPILE.

Allons , & laiſſez faire au temps.

Fin du troiſiéme Acte.

DECORATION
DU QUATRIEME ACTE.

CE Theatre horrible fait place à un plus agrea-ble. C'eſt le Deſert, où Medée a de couſtume de ſe retirer, pour faire ſes enchantemens. Il eſt tout de Rochers, qui laiſſent ſortir de leurs fen-tes quelques filaments d'herbes rampantes, & quelques arbres moitié verds, & moitié ſecs. Ces Rochers ſont d'une pierre blanche & luiſante, de ſorte que comme l'autre Theatre eſtoit fort chargé d'ombres, le changement ſubit de l'un à l'autre fait qu'il ſemble qu'on paſſe de la nuit au jour.

ACTE

ACTE II.

SCENE PREMIERE.

ABSYRTE, MEDEE.

MEDEE.

QUI donne cette audace à voftre inquietude,
Prince, de me troubler jufqu'en ma folitude ?
Avez vous oublié que dans ces triftes lieux
Je ne fouffre que moy, les Ombres, & les Dieux,
Et qu'eftant par mon Art confacrez au filence,
Aucun ne peut fant crime y mefler fa prefence ?

ABSYRTE.

De vos bontez, ma fœur, c'eft fans doute abufer,
Mais l'ardeur d'un Amant a droit de tout ofer.
C'eft elle, qui m'améne en ces lieux folitaires,
Où voftre Art fait agir fes plus fecrets myfteres,
Vous demander un charme à détacher un cœur,
A dérober une ame à fon premier vainqueur.

MEDEE.

Helas, cet Art, mon frere, impuiffant fur les ames,
Ne fçait que c'eft d'éteindre, ou d'allumer des fla-
    mes,
Et s'il a fur le refte un abfolu pouvoir,
Loin de charmer les cœurs, il n'y fçauroit rien voir.
Mais n'avancez-vous rien fur celuy d'Hypfipile ?
Son peril, fon effroy vous eft-il inutile ?
Aprés ce ftratagéme entre nous concerté,
Elle vous croit devoir, & vie, & liberté,
Et fon ingratitude au dernier point éclate,
Si d'un ombre d'efpoir cet effroy ne vous flate.

ABSYRTE.

Elle croit qu'en voftre Art auffi fçavant que vous,
Je prens plaifir pour elle à rabatre vos coups,
Et fans rien foupçonner de tout noftre artifice
Elle doit tout, dit-elle, à ce rare fervice,

Mais

Mais à moins toutefois que de perdre l'espoir
Du costé de l'amour rien ne peut l'emouvoir.

MEDEE.

L'espoir, qu'elle conserve aura peu de durée,
Puisque Jason en veut à la Toison dorée,
Et qu'à la conquerir faire le moindre effort,
C'est se livrer soy-mesme & courir à la mort.
Ouy, mon frere, prenez un esprit plus tranquille,
Si la mort d'un rival vous asseure Hypsipile,
Et croyez...

ABSYRTE.

Ah, ma sœur, ce seroit me trahir,
Que de perdre Jason sans le faire haïr.
L'ame de cette Reine à la douleur ouverte
A toute la famille imputeroit sa perte,
Et m'enveloperoit dans le juste couroux,　　(vous.
Qu'elle auroit pour le Roy, qu'elle prendroit pour
Faites donc qu'il vous aime, afin qu'on le haïsse,
Qu'on regarde sa mort comme un digne supplice.
Non que je la souhaite, il s'est veu trop aimé
Pour n'en présumer pas vostre esprit alarmé;
Je ne veux pas non plus chercher jusqu'en vostre
　　ame
Les sentimens, qu'y laisse une si belle flame:
Arrestez seulement ce Heros sous vos loix,
Et disposez sans moy du reste à vostre choix.
S'il doit mourir, qu'il meure en Amant infidelle,
S'il doit vivre, qu'il vive en esclave rebelle,
Et qu'on n'aye aucun lieu dans l'un ny l'autre sort,
Ny de l'aimer vivant, ny de le plaindre mort.
C'est ce que je demande à cette amitié pure,
Qu'avec le jour pour moy vous donna la Nature.

MEDEE.

Puis-je m'en faire aimer, sans l'aimer à mon tour,
Et pour un cœur sans foy me souffrir de l'amour?
Puis-je l'aimer, mon frere, au moment, qu'il n'aspire
Qu'à ce tresor fatal, dont dépend vostre Empire?
Ou si par nos Taureaux il se fait déchirer,
Voulez-vous que je l'aime, afin de le pleurer?

A B-

ABSYRTE.

Aimez, ou n'aimez pas, il suffit qu'il vous aime :
Et quant à ces perils pour nostre Diadême,
Je ne suis pas de ceux, dont le credule esprit
S'attache avec scrupule à ce qu'on leur prédit.
Je sçay qu'on n'entend point de telles Propheties,
Qu'aprés que par l'effet elles sont éclaircies,
Et que, quoy qu'il en soit, le Sceptre de Lemnos
A dequoy reparer la perte de Colchos.
Ces climats desolez, où mesme la Nature
Ne tient que de vostre Art ce qu'elle a de verdure,
Où nos plus beaux Jardins n'ont ny roses, ny lis,
Dont par vostre sçavoir ils ne soient embellis,
Sont-ils à comparer à ces charmantes Isles,
Où nos maux trouveroient de glorieux azyles ?
Tomber à bas d'un Trône est un sort rigoureux,
Mais quiter l'un pour l'autre est un échange heu-
　　reux.

MEDEE.

Un Amant tel que vous pour gagner ce qu'il aime
Changeroit sans remords d'air, & de Diadême....
Comme j'ay d'autres yeux, j'ay d'autres sentimens,
Et ne me regle pas sur vos attachemens.
　Envoyez-moy ma sœur, que je puisse avec elle
Pourvoir aux doux succés d'une flame si belle.
Mesnagez cependant un si cher interest,
Faites effort à plaire autant comme on vous plaist :
Pour Jason, je sçauray de sorte m'y conduire,
Que soit qu'il vive, ou meure, il ne pourra vous
　　nuire.
Allez sans perdre temps, & laissez-moy réver
Aux beaux commencemens, que je veux achever.

SCE-

SCENE II.

MEDEE.

Tranquille & vafte folitude,
Qu'à voftre calme heureux j'ofe en vain recourir,
Et que la reverie eft mal propre à guerir
D'une peine, a qui plaift la flateufe habitude !
J'en viens foùpirer feule au pied de vos Rochers,
Et j'y porte avec moy dans mes vœux les plus chers
    Mes ennemis les plus à craindre :
Plus je croy les dompter, plus je leurs obeïs,
Ma flame s'en redouble, & plus je veux l'eftein-
    dre,
    Plus moy-mefme je m'y trahis.

    C'eft en vain que toute alarmée
J'envifage à quels maux s'expofe un inconftant,
L'amour tremble à regret dans mon efprit flotant,
Et timide à l'aimer je meurs d'en eftre aimée.
Ainfi j'adore, & crains fon manquement de foy,
Je m'offre, & me refufe à ce que je prévoy,
    Son change me plaift, & m'étonne :
Dans l'efpoir le plus doux j'ay tout à foupçonner,
Et bien que tout mon cœur obftinément fe donne,
    Ma raifon n'ofe me donner.

    Silence, raifon importune,
Eft-il temps de parler quand mon cœur s'eft don-
    né ?
Du bien, que tu luy veux ce lâche eft fi gêné,
Que ton meilleur advis luy tient lieu d'infortune.
Ce que tu mets d'obftacle à fes defirs mutins,
Anime leur revolte, & le livre aux deftins,
    Contre qui tu prens fa défenfe :
Ton effort odieux ne fert qu'à les hafter,
Et ton cruel fecours luy porte par avance
    Tous les maux, qu'il doit redouter.

Parles

Parles toutefois pour ſa gloire,
Donnes encor quelques loix à qui te fait la loy,
Tyranniſes un Tyran, qui triomphe de toy,
Et par un faux trophée uſurpe ſa victoire.
S'il eſt vray que l'Amour te vole tout mon cœur,
Exiles de mes yeux cet inſolent vainqueur,
Dérobes luy tout mon viſage :
Et ſi mon ame cede à des feux trop ardens,
Sauves tout le dehors du honteux eſclavage,
Qui t'enleve tout le dedans.

SCENE III.

JUNON, MEDEE.

MEDEE.

L'avez vous veu, ma ſœur, cet Amant infidelle ?
Que répond-il aux pleurs d'une Reine ſi belle ?
Souffre-t'il par pitié qu'ils en faſſent un Roy ?
A-t'il encor le front de vous parler de moy ?
Croit-il qu'un tel exemple ait ſçeu ſi peu m'inſtrui-
    re,
Qu'il luy laiſſe encor lieu de me pouvoir ſéduire ?

JUNON.

Moderez ces chaleurs de voſtre eſprit jaloux,
Prenez des ſentimens plus juſtes, & plus doux,
Et ſans vous emporter ſouffrez que je vous die...

MEDEE.

Qu'il penſe m'acquerir par cette perfidie,
Et que ce qu'il fait voir de tendreſſe, & d'amour,
Si j'oſe l'accepter, m'en garde une à mon tour ?
Un volage, ma ſœur, a beau faire, & beau dire,
On peut toûjours douter pour qui ſon cœur ſoupi-
    re,
Sa flame à tous momens peut prendre un autre
    cours,
Et qui change une fois, peut changer tous les jours.
Vous, qui vous préparez à prendre ſa défenſe,
Sçavez-vous aprés tout, s'il m'aime, ou s'il m'of-
    fenſe ?   Liſez -

Lifez-vous dans fon cœur pour voir ce qui s'y fait,
Et fi j'ay de fes feux l'apparence, ou l'effet?

JUNON.

Quoy, vous vous offenfez d'Hypfipile quittée !
D'Hyfipile pour vous à vos yeux mal traitée !
Vous fon plus cher objet ! vous de qui hautement
En fa prefence mefme il s'eft nommé l'Amant !
C'eft mal vous acquiter de la reconnoiffance
Qu'une autre croiroit deuë à cette préference,
Voyez mieux, qu'un Heros fi grand, fi renommé,
Auroit peu fait pour vous, s'il n'avoit rien aimé.
En ces triftes climats, qui n'ont que vous d'ai-
	mable,
Où rien ne s'offre aux yeux qui vous foit compara-
	ble,
Un cœur qu'un autre objet ne peut vous difputer
Vous porte peu de gloire à fe laiffer dompter.
Mais Hyfipile eft belle, & joint au Diadême
Un amour affez fort pour meriter qu'il l'aime;
Et quand malgré fon Trône, & malgré fa beauté,
Et malgré fon amour, vous l'avez emporté,
Que ne devez-vous point à l'illuftre victoire,
Dont ce choix obligeant vous affeure la gloire ?
Peut-il de vos attraits faire mieux voir le prix,
Que par le don d'un cœur, qu'Hypfipile avoit pris ?
Pouvez-vous fans chagrin refufer un hommage,
Qu'une autre luy demande avec tant d'avantage ?
Pouvez-vous d'un tel don faire fi peu d'eftat,
Sans vouloir eftre ingrate, & l'eftre avec éclat ?
Si c'eft voftre deffein en faifant la cruelle
D'obliger ce Heros à retourner vers elle,
Vous en pourrez avoir un fuccez affez prompt;
Sinon...

MEDEE.

Pluftoft la mort qu'un fi honteux affront,
Je ne fouffriray point qu'Hypfipile me brave,
Et m'enleve ce cœur, que j'ay veu mon efclave.
Je voudrois avec vous en vain le déguifer,
Quand je l'ay veu pour moy tantoft la méprifer,

Qu'à

Qu'à ses yeux, sans nous mettre un moment en ba-
 lance,
Il m'a si hautement donné la préference ,
J'ay senty des transports , que mon esprit discret
Par un soudain Adieu n'a cachez qu'à regret.
Je ne croiray jamais qu'il soit douceur égale
A celle de ce voir immoler sa rivale ,
Qu'il soit pareille joye , & je mourrois , ma sœur ,
S'il falloit qu'à son tour elle eust mesme douceur.

     J U N O N.
Quoy , pour vous cette honte est un malheur extrê-
 me ?
Ah , vous l'aimez encor.

     M E D E E.
    Non , mais je veux qu'il m'aime.
Je veux , pour éviter un si mortel ennuy ,
Le conserver à moy , sans me donner à luy ,
L'arrester sous mes loix , jusqu'à ce qu'Hypsipile
Luy rende de son cœur la conqueste inutile ,
Et que le Prince Absyrte , ayant receu sa foy ,
L'ait mise hors d'estat de triompher de moy.
Lors par un juste exil punissant l'infidelle ,
Je n'auray plus de peur qu'il me traite comme elle ,
Et je sçauray sur luy nous vanger toutes deux ,
Si-tost qu'il n'aura plus à qui porter ses vœux.

     J U N O N.
Vous vous promettez plus que vous ne voudrez fai-
 re ,
Et vous ne croirez pas toute cette colere ,

     M E D E E.
Je feray plus encor que je ne me promets ,
Si vous pouvez , ma sœur , quitter ses interests.

     J U N O N.
Quelques chers qu'ils me soient , je veux bien m'y
 contraindre ,
Et pour mieux vous oster tout sujet de me craindre,
Le voila qui paroist, je vous laisse avec luy.
Vous me rappellerez , s'il a besoin d'appuy.

          S C E-

SCENE IV.

JASON, MEDEE.

MEDEE.

Estes vous prest, Jason, d'entrer dans la carriere ;
Faut-il du champ de Mars vous ouvrir la bar-
    riere,
Vous donner nos Taureaux, pour tracer des sillons,
D'où naistront contre vous de soudains bataillons ?
Pour dompter ces Taureaux, & vaincre ces Gens-
    darmes,
Avez vous d'Hypsipile emprunté quelques char-
    mes ?
Je ne demande point quel est vostre soucy,
Mais si vous la cherchez, elle n'est pas icy ;
Et tandis qu'en ces lieux vous perdez vostre peine,
Mon frere vous pourroit enlever cette Reine.
Jason, prenez-y garde, il faut moins s'éloigner
D'un objet, qu'un Rival s'efforce de gagner,
Et prester un peu moins les faveurs de l'absence
A ce qui peut entr'eux naistre d'intelligence.
Mais j'ay tort, je l'advouë, & je raisonne mal,
Vous estes trop aimé pour craindre un tel Rival,
Vous n'avez qu'à paroistre, & sans autre artifice
Un coup d'œil détruira ce qu'il rend de service.

JASON.

Qu'un si cruel reproche à mon cœur seroit doux,
S'il avoit pû partir d'un sentiment jaloux,
Et si par cette injuste & douteuse colere
Je pouvois m'asseurer de ne vous pas déplaire !
Sans raison toutefois j'ose m'en deffier,
Il ne me faut que vous pour me justifier.
Vous avez trop bien veu l'effet de vos merites,
Pour garder un soupçon de ce que vous me dites,
Et du change nouveau, que vous me supposez,
Vous me défendez mieux, que vous ne m'accusez.

Si vous avez pour moy veu l'amour d'Hypſipile,
Vous n'avez pas moins veu ſa conſtance inutile,
Que ſes plus doux attraits, pour qui j'avois brûlé,
N'ont rien, que mon amour ne vous aye immolé.
Que toute ſa beauté rehauſſe voſtre gloire,
Et que ſon Sceptre meſme enfle voſtre victoire,
Ce ſont des veritez, que vous vous dites mieux,
Et j'ay tort de parler où vous avez de yeux.

M E D E E.

Ouy, j'ay des yeux, ingrat, meilleurs que tu ne
    penſes,
Et voy juſqu'en ton cœur tes fauſſes préferences.
Hypſipile à ma veuë a receu des mépris,
Mais quand je n'y ſuis plus, qu'eſt-ce que tu luy dis?
Expliques, expliques encor ce ſoûpir tout de flame,
Qui vers ce cher objet pouſſoit toute ton ame,
Et fais moy concevoir juſqu'où vont tes malheurs,
De ſoûpirer pour elle, & de pretendre ailleurs.
Redy-moy les raiſons, dont tu l'as appaiſée,
Dont juſqu'à me braver tu l'as authoriſée,
Qu'il te faut la Toiſon pour revoir tes parents,
Qu'à ce prix je te plais, qu'à ce prix tu te vends.
Je tenois cher le don d'une amour ſi parfaite,
Mais puiſque tu te vends, va chercher qui t'achep-
    te,
Perfide, & portes ailleurs cette venale foy,
Qu'obtiendroit ma Rivale à meſme prix que moy.
Il eſt, il eſt encor des ames toutes preſtes
A recevoir mes loix, & groſſir mes conqueſtes,
Il eſt encor des Rois, dont je fais le deſir,
Et ſi parmy tes Grecs il me plaiſt de choiſir,
Il en eſt d'attachez à ma ſeule perſonne,
Qui n'ont jamais ſçeu l'art d'eſtre à qui plus leur
    donne,
Qui trop contents d'un cœur, dont tu fais peu de
    cas,
Meritent la Toiſon, qu'ils ne demandent pas,
Et que pour toy mon ame, helas, trop enflamée,
Auroit pû te donner, ſi tu m'avois aimée.

J A-

JASON.

Ah, si le pur amour peut meriter ce don,
A qui peut-il, Madame, estre dû qu'à Jason?
Ce refus surprenant que vous m'avez veu faire
D'une venale ardeur n'est pas le caractere.
Le Trône, qu'à vos yeux j'ay traité de mépris,
En seroit pour tout autre un assez digne prix,
Et rejetter pour vous l'offre d'un Diadême,
Si ce n'est vous aimer, j'ignore comme on aime.
　　Je ne me defens point d'une civilité,
Que du bandeau Royal vouloit la Majesté.
Abandonnant pour vous une Reine si belle,
J'ay poussé par pitié quelques soûpirs vers elle,
J'ay voulu qu'elle eust lieu de se dire en secret,
Que je change par force, & la quitte à regret,
Que satisfaite ainsi de son propre merite
Elle se consolast de tout ce qui l'irrite,
Et que l'appas flateur de cette illusion
La vangeast un moment de sa confusion.
Mais quel crime ont commis ces complimens fri-
　　voles?
Des paroles enfin ne sont que des paroles,
Et quiconque possede un cœur comme le mien
Doit se mettre au dessus d'un pareil entretien.
　　Je n'examine point aprés vostre menace
Quelle foule d'Amants brigue chez vous ma pla-
　　ce,
Cent Rois, si vous voulez, vous consacrent leurs
　　vœux,
Je le croy, mais aussi je suis Roy, si je veux,
Et je n'avance rien touchant le Diadême,
Dût il faille chercher de témoins que vous mesme.
Si par le choix d'un Roy vous pouvez me punir,
Je puis vous imiter, je puis vous prevenir,
Et si je me bannis par là de ma Patrie,
Un exil couronné peut faire aimer la vie.
Mille autres en ma place au lieu de s'alarmer...

MEDEE.

Et bien je t'aimeray, s'il ne faut que t'aimer.

Mal-

Malgré tous ces Heros, malgré tous ces Monarques
Qui m'ont de leur amour donné d'illustres mar-
          ques,
Malgré tout ce qu'ils ont, & de cœur, & de foy,
Je te prefere à tous, si tu ne veux que moy.
Fais voir en renonçant à ta chere Patrie,
Qu'un exil avec moy peut faire aimer la vie,
Oses prendre à ce prix le nom de mon Epoux.
          JASON.
Ouy, Madame, à ce prix tout exil m'est trop doux,
Mais je veux estre aimé, je veux pouvoir le croire,
Et vous ne m'aimez pas, si vous n'aimez ma gloire,
L'ordre de mon destin l'attache â la Toison,
C'est d'elle que dépent tout l'honneur de Jason.
Ah, si le Ciel l'eust mise au pouvoir d'Hypsipile,
Que j'en aurois trouvé la conqueste facile !
Ma passion pour vous a beau l'abandonner,
Elle m'offre encor tout ce qu'elle peut donner,
Malgré mon inconstance elle aime sans reserve.
          MEDEE.
Et moy, je n'aime point, à moins que je te serve ?
Cherches un autre pretexte à luy rendre ta foy,
J'auray soin de ta gloire aussi-bien que de toy.
Si ce noble interest te donne tant d'alarmes,
Tiens, voilà dequoy vaincre, & Taureaux & Gens-
          darmes.
Laisses à tes compagnons combatre le Dragon,
Ils veulent comme toy leur part à la Toison,
Et comme ainsi qu'à toy la gloire leur est chere,
Ils ne font pas icy pour te regarder faire.
Zethes & Calais, ces Heros emplumez,
Qu'aux routes des oiseaux leur naissance a formez,
Y preparent deja leurs aisles enhardies
D'avoir pour coup d'essay triomphé des Harpies :
Orphée avec ses chants se promet le bonheur
D'assoupir...   JASON.
          Ah, Madame, ils auront tout l'honneur,
Ou du moins j'auray part moy-mesme à leur défai-
          te,

D   Si

Si je laiſſe comme eux la conqueſte imparfaite,
Il me la faut entiere, & je veux vous devoir...

MEDEE.

Vas, laiſſes quelque choſe, ingrat, en mon pou-
voir,
J'en ay déja trop fait pour une ame infidelle.
Adieu, je voy ma ſœur, delibere avec elle,
Et ſonges qu'aprés tout ce cœur, que je te rends,
S'il accepte un vainqueur, ne veut point de Tyrans,
Que s'il aime ſes fers, il hait tout eſclavage,
Qu'on perd ſouvent l'acquis a vouloir davantage,
Qu'il faut ſubir la loy de qui peut obliger,
Et que qui veut un don ne doit pas l'exiger.
Je ne te dis plus rien, va rejoindre Hypſipile,
Va reprendre auprés d'elle un deſtin plus tranquil-
le,
Ou ſi tu peux, volage, encor la dédaigner,
Choiſis en d'autres lieux qui te faſſe regner ;
Je n'ay pour t'achepter, Sceptres, ny Diadêmes,
Mais telle que je ſuis, crains-moy, ſi tu ne m'aimes.

SCENE V.

JUNON, JASON, L'AMOUR
dans le Ciel.

JUNON.

A bien examiner l'éclat de ce grand bruit,
Hypſipile vous ſert plus qu'elle ne vous nuit.
Ce n'eſt pas qu'aprés tout ce couroux ne m'eſton-
ne,
Medée à ſa fureur un peu trop s'abandonne,
L'Amour tient aſſez mal ce qu'il m'avoit promis,
Et peut-eſtre avez vous trop de Dieux ennemis.
Tous veulent à l'envy faire la Deſtinée,
Dont ſe doit ſignaler cette grande journée,
Tous ſe ſont aſſemblez exprés chez Juppiter,
Pour en reſoudre l'ordre ou pour le conteſter,
Et je vous plains, ſi ceux, qui daignoient vous dé-
fendre,

Au plus nombreux party font forcez de fe rendre.
Le Ciel s'ouvre, & pourra nous donner quelque
    jour.
C'eft celuy de Venus, j'y vois encor l'Amour,
Et puis qu'il n'en eft pas, toute cette Affemblée
Par fa rebellion pourra fe voir troublée.
Il veut parler à nous, écoutez quel appuy
Le trouble, où je vous voy, peut efperer de luy.

Le Ciel s'ouvre & fait voir le Palais de Venus, com-
pofé de Termes à face humaine, & reveftus de gaze
d'or, qui luy fervent de colomnes. Le lambris n'en eft pas
moins riche. L'Amour y paroift feul, & fi-toft qu'il a
parlé, il s'élance en l'Air & traverfe le Theatre en
volant, non pas d'un cofté à l'autre, comme fe font les
vols ordinaires, mais d'un bout a l'autre, en tirant vers
les Spectateurs, ce qui n'a point encor efté pratiqué en
France de cette maniere.

L'AMOUR.

Ceffez de m'accufer, foupçonneufe Déeffe,
    Je fçay tenir promeffe,
C'eft en vain que les Dieux s'affemblent chez leur
    Roy;
    Je vay bien leur faire connoiftre
Que je fuis, quand je veux, leur veritable Maiftre,
Et que de ce grand jour le Deftin eft à moy.
Toy, fi tu fçais aimer, ne crains rien de funefte,
Obeis à Medée, & j'auray foin du refte.

J U N O N.

Ces favorables mots vous ont rendu le cœur.

J A S O N.

Mon efpoir abatu reprend d'eux fa vigueur,
Allons, Déeffe, allons, & feurs de l'entreprife
Reportons à Medée une ame plus foûmife.

J U N O N.

Allons, je veux encor feconder vos projets,
Sans remonter au Ciel qu'aprés leurs pleins effets.

Fin du quatriéme Acte.

DECORATION
DU CINQUIEME ACTE.

CE dernier spectacle presente à la veuë une Forest épaisse, composée de divers arbres entrelassez ensemble, & si touffus, qu'il est aisé de juger que le respect, qu'on porte au Dieu Mars, à qui elle est consacrée, fait qu'on n'ose en couper aucunes branches, ny mesme brosser au travers. Les trophées d'Armes appendus au haut de la pluspart de ces arbres marquent encor plus particulierement, qu'elle appartient à ce Dieu. La Toison d'Or est sur le plus eslevé, qu'on voit seul de son rang au milieu de cette Forest, & la Perspective du fond fait paroistre en éloignement la Riviere du Phase, avec le Navire Argo, qui semble n'attendre plus que Jason & sa Conqueste pour partir.

AC-

ACTE V.

SCENE PREMIERE.

ABSYRTE, HYPSIPILE.

ABSYRTE.

VOILA ce prix fameux, où voſtre ingrat
    aſpire,
    Ce gage, où les Deſtins attachent noſtre Em-
      pire,
Cette Toiſon enfin, dont Mars eſt ſi jaloux.
Chacum impunément la peut voir comme nous;
Ce monſtreux Dragon, dont les fureurs la gar-
    dent,
Semble exprés ſe cacher aux yeux,qui la regardent,
Il laiſſe agir ſans crainte un curieux deſir,
Et ne fond que ſur ceux, qui s'en veulent ſaiſir.
Lors d'un cry, qui ſuffit à punir tout leur crime,
Sous leur pied temeraire il ouvre un noir abyſme,
A moins qu'on ait déja mis au joug nos Taureaux,
Et fait mordre la Terre aux eſcadrons nouveaux,
Que des dents d'un Serpent la ſemence animée
Doit oppoſer ſur l'heure à qui l'aura ſemée.
Sa voix perdant alors cet effroyable éclat
Contre les raviſſeurs le reduit au combat.
    Telles furent les loix, que Circé par ſes charmes
Sçeut faire à ce Dragon, aux Taureaux, aux Genſ-
    darmes,
Circé, ſœur de mon pere, & fille du Soleil,
Circé, de qui ma ſœur tient cet Art ſans pareil,
Dont tantoſt à vous perdre euſt abuſé ſa rage,
Si ce peu que du Ciel j'en eus pour mon partage,
Et que je vous conſacre auſſi-bien que mes jours,
Par le milieu des Airs n'euſt porté du ſecours.

HYPSIPILE.

Je n'oubliray jamais que ſa jalouſe envie
Se fuſt ſans vos bontez ſacrifié ma vie,

D 3

Et

Et pour dire encor plus, ce penser m'eſt ſi doux,
Que ſi j'eſtois à moy, je voudrois eſtre à vous.
Mais un reſte d'amour retient dans l'impuiſſance
Ces ſentimens d'eſtime, & de reconnoiſſance;
J'ay peine, je l'advouë, à me le pardonner,
Mais enfin je dois tout, & n'ay rien à donner.
Ce qu'à vos yeux ſurpris Jaſon m'a fait d'outrage
N'a pas encor rompu cette foy, qui m'engage,
Et malgré les mépris, qu'il en montre aujourd'huy,
Tant qu'il peut eſtre à moy, je ſuis encor à luy.
Mon eſpoir chancelant dans mon ame inquiete
Ne veut pas luy preſter l'exemple, qu'il ſouhaite,
Ny qué cet infidelle ait dequoy ſe vanter
Qu'il ne ſe donne ailleurs qu'afin de m'imiter.
Pour changer avec gloire, il faut qu'il me prévien-
      ne,
Que ſa foy violée ait dégagé la mienne,
Et que l'Hymen ait joint aux mépris, qu'il en fait,
D'un entier changement l'irrevocable effet.
Alors par ſon parjure à moy-meſme renduë,
Mes ſentimens d'eſtime auront plus d'eſtenduë,
Et dans la liberté de faire un ſecond choix
Je ſçauray mieux penſer à ce que je vous dois.

A B S Y R T E.

Je ne ne ſçay ſi ma ſœur voudra prendre aſſeurance
Sur des ſermens trompeurs, que rompt ſon incon-
      ſtance,
Mais je ſuis ſeur qu'à moins qu'elle rompe ſon ſort,
Ce que feroit l'Hymen, vous l'aurez par ſa mort.
Il combat nos Taureaux, & telle eſt leur furie,
Qu'il faut qu'il y periſſe, ou luy doive la vie.

H Y P S I P I L E.

Il combat vos Taureaux! ah, que me dites vous?

A B S Y R T E.

Qu'il n'en peut plus ſortir que mort, ou ſon Epoux.

H Y P S I P I L E.

Ah, Prince, voſtre ſœur peut croire encor qu'il m'ai-
      me,
Et ſur ce faux ſoupçon ſe vanger elle-meſme;

Pour

Pour bien rompre le coup d'un malheur si preſſant ,
Peut-eſtre que ſon Art n'eſt pas aſſez puiſſant .
De grace , en ma faveur joignez-y tout le voſtre ,
Et ſi....

ABSYRTE.
Quoy, vous voulez qu'il vive pour une autre !

HYPSIPILE.
Ouy , qu'il vive , & laiſſons tout le reſte au hazard.

ABSYRTE.
Ah, Reine , en voſtre cœur il garde trop de part ,
Et s'il faut vous parler avec une ame ouverte ,
Vous montrez trop d'amour pour empeſcher ſa
    perte.
Voſtre Rivale & moy nous en ſommes d'accord ,
A moins que vous m'aimiez, voſtre Jaſon eſt mort.
Ma ſœur n'a pas pour vous un ſentiment ſi tendre ,
Qu'elle aime à le ſauver afin de vous le rendre ,
Et je ne ſuis pas homme à ſervir mon Rival ,
Quand vous rendez pour moy mon ſecours ſi fatal.
Je ne le voy que trop , pour prix de mes ſervices
Vous deſtinez mon ame à de nouveaux ſupplices ,
C'eſt m'immoler à luy que de le ſecourir ,
Et luy ſauver le jour , c'eſt me faire perir.
Puiſqu'il faut qu'un des deux ceſſe aujourd'huy de
    vivre ,
Je vay hâter ſa perte , où luy-meſme il ſe livre ,
Je veux bien qu'on l'impute à mon dépit jaloux ,
Mais vous qui m'y forcez , ne l'imputez qu'à vous.

HYPSIPILE.
Ce reſte d'intereſt , que je prens en ſa vie
Donne trop d'aigreur , Prince , à voſtre jalouſie ,
Ce qu'on a bien aimé , l'on ne le peut hair ,
Juſqu'à le vouloir perdre , ou juſqu'à le trahir.
Ce vif reſſentiment, qu'excite l'inconſtance,
N'emporte pas toûjours juſques à la vangeance ;
Et quand meſme on la cherche , il arrive ſouvent
Qu'on plaint mort un ingrat, qu'on déteſtoit vivāt.
Quand je me défendois ſur la foy , qui m'engage,
Je voulois à vos feux épargner cet ombrage ;

D 4

Mais

Mais puifque le peril a fait parler l'amour,
Je veux bien qu'il éclate, & fe montre en plein
     jour.
Ouy, j'aime encor Jafon, & l'aimeray fans doute,
Jufqu'à l'Hymen fatal, que ma flame redoute,
Je regarde fon cœur encor comme mon bien,
Et donnerois encor tout mon fang pour le fien.
Vous m'aimez, & j'en fuis affez perfuadée,
Pour me donner à vous, s'il fe donne à Medée:
Mais fi par jaloufie, ou par raifon d'Eftat,
Vous le laiffez tous deux perir dans ce combat,
N'attendez rien de moy que ce qu'ofe la rage,
Quand elle eft une fois maiftreffe d'un courage,
Que les pleines fureurs d'un defefpoir d'amour.
Vous me faites trembler, tremblez à voftre tour,
Prenez foin de fa vie, ou perdez cette Reine,
Et fi je crains fa mort, craignez auffi ma haine.

SCENE II.

A ÆTES, ABSYRTE, HYPSIPILE.

AÆTES.

Ah, Madame, eft-ce là cette fidelité,
     Que vous gardez aux droits de l'hofpitalité ?
Quand pour vous je m'oppofe aux Deftins de ma
     fille,
A l'efpoir de mon fils, aux vœux de ma famille,
Quand je preffe un Heros de vous rendre fa foy,
Vous preftez à fon bras des charmes contre moy;
De fa temerité vous vous faites complice,
Pour renverfer un Trône, où je vous fais juftice:
Comme fi c'eftoit peu de poffeder Jafon,
Si pour don Nuptial il n'avoit la Toifon,
Et que fa foy vous fuft indignement offerte,
A moins que fon Deftin éclataft par ma perte.

HYPSIPILE.

Je ne fçay pas, Seigneur, à quel point vous reduit
Cette temerité de l'ingrat, qui me fuit,
Mais

Mais je ſçay que mon cœur ne joint à ſon envie
Qu'un timide ſouhait en faveur de ſa vie ,
Et que ſi je ſçavois ce grand Art de charmer,
Je ne m'en ſervirois que pour men faire aimer.

A Æ T E S.

Ah , je n'ay que trop crû vos plaintes ajuſtées
A des illuſions entre vous concertées ,
Et les dehors trompeurs d'un dédain preparé
N'ont que trop ébloüy mon œil mal éclairé.
Ouy, trop d'ardeur pour vous, & trop peu de lumiere
M'ont conduit en aveugle à ma ruine entiere.
Ce pompeux appareil , que ſoûtenoient les Vents,
Ces Tritons tout autour rangez comme Suivants ,
Montroient bien qu'en ces lieux vous n'eſtiez abor-
      dée ,
Que par un Art plus fort , que celuy de Medée.
D'un naufrage affecté l'hiſtoire ſans raiſon
Déguiſoit le ſecours amené pour Jaſon ,
Et vos pleurs ne ſembloient m'en demander van-
      geance ,
Que pour mieux faire place à voſtre intelligence.

H Y P S I P I L E.

Que ne ſont vos ſoupçons autant de veritez ,
Et que ne puis-je icy ce que vous m'imputez !

A B S Y R T E.

Qu'a fait Jaſon, Seigneur, & quel mal vous menace,
Quand nous voyons encor la Toiſon en ſa place ?

A Æ T E S.   (faits,

Nos Taureaux ſont domptez, nos Genſdarmes dé-
Abſyrte , aprés cela crains les derniers effets.

A B S Y R T E.

Quoy ? ſon bras...

A Æ T E S.

     Ouy, ſon bras ſecondé par ſes charmes
A dompté nos Taureaux, & défait nos Gendarmes,
Juges ſi le Dragon pourra faire plus qu'eux.
   Ils ont pouſſé d'abord de gros torrents de feux ,
Ils l'ont envelopé d'une épaiſſe fumée ,
Dont ſur toute la Plaine une nuit s'eſt formée ;

D 5

Mais.

Mais aprés ce nuage en l'air évaporé,
On les a veus au joug, & le champ labouré.
Luy sans aucun effroy, comme maistre paisible,
Jettoit dans les sillons cette semence horrible,
D'où s'éleve aussi-tost un escadron armé,
Par qui de tous costez il se trouve enfermé.
Tous n'en veulent qu'à luy, mais son ame plus fiere
Ne daigne contr'eux tous s'armer que de poussiere.
A peine il la répand, qu'une commune erreur
D'eux tous l'un contre l'autre anime la fureur,
Ils s'entr'immolent tous au commun adversaire,
Tous pensent le percer, quãd ils percent leur frere,
Leur sang par tout regorge, & Jason au milieu
Reçoit ce sacrifice en posture d'un Dieu,
Et la Terre en couroux de n'avoir pû luy nuire
Rengloutit l'escadron, qu'elle vient de produire.

On va bien-tost, Madame, achever à vos yeux
Ce qu'ébauche par là vostre abord en ces lieux.
Soit Jason, soit Orphée, ou les fils de Borée,
Ou par eux, ou par luy ma perte est asseurée,
Et l'on va faire hommage à vostre heureux secours
Du destin de mon Sceptre, & de mes tristes jours.

HYPSIPILE.

Connoissez mieux, Seigneur, la main, qui vous of-
    fense,
Et lors que je perds tout, laissez-moy l'innocence.
L'ingrat, qui me trahit, est secouru d'ailleurs,
Ce n'est que de chez vous que partent vos mal-
    heurs,
Chez vous en est la source, & Medée elle-mesme
Rompt son Art par son Art, pour plaire à ce qu'elle
    aime.

ABSYRTE.

Ne l'en accusez point, elle hait trop Jason,
De sa haine, Seigneur, vous sçavez la raison,
La Toison préferée aigrit trop son courage,
Pour craindre qu'il en tienne un si grand avantage,
Et si contre son Art ce Prince a reüssi,
C'est qu'on le sçait en Grece autant, ou plus qu'icy.

A Æ-

AÆTES.

Ah, que tu connois mal jufqu'à quelle manie
D'un amour déreglé paffe la tyrannie !
Il n'eft rang, n'y pais, ny pere, ny pudeur,
Qu'épargne de fes feux l'imperieufe ardeur.
Jafon plût à Medée, & peut encor luy plaire,
Peut-eftre es-tu toy-mefme ennemy de ton pere,
Et confens que ta fœur par ce prefent fatal
S'affeure d'un Amant, qui feroit ton Rival.
Tout mon fang revolté trahit mon efperance,
Je trouve ma ruine, où fut mon affeurance,
Le Deftin ne me perd que par l'ordre des miens,
Et mon Trône eft brifé par fes propres foûtiens.

ABSYRTE.

Quoy, Seigneur, vous croiriez qu'une action fi
    noire....

AÆTES.

Je fçay ce qu'il faut craindre, & non ce qu'il faut
    croire.
Dans cette obfcurité tout me devient fufpect,
L'amour aux droits du fang garde peu de refpect,
Ce mefme amour d'ailleurs peut forcer cette Reine
A répondre à nos foins par des effets de haine,
Et Jafon peut avoir luy-mefme en ce grand Art
Des fecrets, dont le Ciel ne nous fit point de part.
    Ainfi dans les rigueurs de mon fort déporable,
Tout peut eftre innocent, tout peut eftre coupable,
Je ne cherche qu'en vain à qui les imputer,
Et ne difcernant rien j'ay tout à redouter.

HYPSIPILE.

La verité, Seigneur, fe va faire connoiftre,
A travers ces rameaux je voy venir mon traiftre.

SCENE III.

AÆTES, ABSYRTE, HYPSIPILE, JASON, ORPHEE, ZETHES, CALAIS.

HYPSIPILE.

Parlez , parlez , Jason, dites sans feinte au Roy
　Qui vous seconde icy de Medée , ou de moy ,
Dites, est-ce elle , ou moy, qui contre luy conspire?
Est-ce pour elle , ou moy, que vostre cœur soûpire?

JASON.

La demande est , Madame, un peu hors de saison ,
Je vous y répondray, quand j'auray la Toison.
　Seigneur , sans differer permettez que j'acheve ,
La gloire , où je pretens ne souffre point de tréve ,
Elle veut que du Ciel je presse le secours ,
Et ce qu'il m'en promet ne descend pas tousiours.

AÆTES.

Hastez à vostre gré ce secours de descendre ,
Mais encor une fois gardez de vous méprendre.

JASON.

Par ce qu'ont veu vos yeux jugez ce que je puis ,
Tout me paroist facile en l'estat , où je suis ,
Et si la force enfin répond mal au courage ,
Il en est parmy nous qui peuvent davantage.
Souffrez donc que l'ardeur, dont je me sens brûler...

SCENE IV.

AÆTES, ABSYRTE, HYPSIPILE, MEDEE, JASON, ORPHEE,

MEDEE *sur le Dragon , eslevée en l'Air*
à la hauteur d'un homme.

Arrestes, déloyal , & laisses-moy parler ,
　Que je rende un plein lustre à ma gloire ternie
Par l'outrageux éclat, que fait la calomnie.

Qui

Qui vous l'a dit, Madame, & surquoy fondez-vous
Ces dignes visions de vostre esprit jaloux ?
Si Jason entre nous met quelque difference,
Qui flate malgré moy sa credule esperance,
Faut il sur vostre exemple aussi-tost présumer
Qu'on n'en peut estre aimée, & ne le pas aimer?
Connoissez mieux Medée, & croyez-la trop vaine
Pour vouloir d'un captif marqué d'une autre chaî-
      ne.
Je ne puis empescher qu'il vous manque de foy,
Mais je vaux bien un cœur, qui n'ait aimé que moy,
Et j'auray soûtenu des revers bien funestes,
Avant que je me daigne enrichir de vos restes.

HYPSIPILE.

Puissiez-vous conserver ces nobles sentimens.

MEDEE.

N'en croyez plus, Seigneur, que les évenemens.
Ce ne sont plus icy ces Taureaux, ces Gensdarmes,
Contre qui son audace a pû trouver des charmes,
Ce n'est point le Dragon, dont il est menacé,
C'est Medée elle mesme, & tout l'Art de Circé.
   Fidelle gardien des Destins de ton Maistre,
Arbre, que tout exprés mon charme avoit fait nai-
      stre,
Tu nous deffendrois mal contre ceux de Jason,
Retournes en ton neant, & rends-moy la Toison.

*Elle prend la Toison en sa main, & la met sur le col
du Dragon, L'Arbre, où elle estoit suspenduë disparoist,
& se retire derriere le Theatre, aprés quoy Medée continuë, en parlant à Jason.*

Ce n'est qu'avec le jour qu'elle peut m'estre ostée.
Viens donc, viens, temeraire, elle est à ta portée,
Viens teindre de mon sang cet or, qui t'est si cher,
Qu'à travers tant de Mers on te force à chercher,
Approches, il n'est plus temps que l'amour te re-
      tienne,
Viens m'arracher la vie, ou m'apporter la tienne,
Et sans perdre un moment en de vains entretiens,
Voyons qui peut le plus de tes Dieux, ou des miens.
D 7

AE.

AÆTES.

A ce digne couroux je reconnois ma fille,
C'eſt mon ſang dans ſes yeux, c'eſt ſon ayeul, qui
　　brille,
C'eſt le Soleil mon pere. Avancez-donc, Jaſon,
Et ſur cette ennemie emportez la Toiſon.

JASON.

Seigneur, contre ſes yeux qui voudroit ſe défendre?
Il ne faut point combatre où l'on aime à ſe rendre.
　　Ouy, Madame, à vos pieds je mets les armes bas,
J'en fais un prompt hommage à vos divins appas,
Et renonce avec joye à ma plus haute gloire,
S'il faut par ce combat acheter la victoire.
Je l'abandonne, Orphée, aux charmes de ta voix,
Qui traîne les Rochers, qui fait marcher les Bois,
Aſſoupy le Dragon, enchantes la Princeſſe.
Et vous, Heros aiſlez, ménagez voſtre adreſſe,
Si pour cette conqueſte il vous reſte du cœur,
Tournez ſur le Dragon toute voſtre vigueur.
Je vay dans le Navire attendre une défaite,
Qui vous fera bien-toſt imiter ma retraite.

ZETHES.

Montrez plus d'eſperance, & ſouvenez-vous mieux
Que nous avons dompté des Monſtres à vos yeux.

SCENE III.

AÆTES, ABSYRTE, HYPSIPILE, MEDEE, ZETHES, CALAIS, ORPHEE.

CALAIS.

Eſlevons-nous, mon frere, au deſſus des nuages,
　　Du ſang, dont nous ſortons, prenons les avan-
　　tages,
Sur tout obeïſſons aux ordres de Jaſon,
Reſpectons la Princeſſe, & donnons au Dragon.
　　Icy Zethes, & Calais s'élevent au plus haut des
nuages, en croiſant leur vol.

ME-

MEDEE *s'élevant aussi.*

Donnez où vous pourrez, ce vain respect m'outrage,
Du sang, dont vous sortez prenez tout l'avantage,
Je vay voler moy-mesme au devant de vos coups,
Et n'avois que Jason à craindre parmy vous.

Et toy, de qui la voix inspire l'ame aux arbres,
Enchaînes les Lyons, & déplaces les marbres,
D'un pouvoir si divin fais un meilleur employ,
N'en détruis point la force à l'essayer sur moy.
Mais je n'en parle ainsi, que de peur que ses char-
mes
Ne prestent un miracle à l'effort de leurs armes.
Ne m'en croy pas, Orphée, & prens l'occasion
De partager leur gloire, ou leur confusion.

ORPHEE *chante.*

Hastez-vous, enfans de Borée,
Demidieux, hastez-vous,
Et faites voir qu'en tous lieux, contre tous,
A vos exploits la Victoire asseurée
Suit l'effort de vos moindres coups.

MEDEE, *voyant qu'aucun des deux ne*
descend pour la combatre.

Vos Demidieux, Orphée, ont peine à vous enten-
dre,
Ils ont volé si haut, qu'ils n'en peuvent descen-
dre,
De ce nuage épais sçachez les dégager,
Et partiquez mieux l'art de les encourager.

ORPHEE.

Il chante ce second couplet cependant que Zethes &
Calaïs fondent l'un après l'autre sur le Dragon, &
le combatent au milieu de l'Air. Ils se relevent aussi-
tost qu'ils ont tâché de luy donner une atteinte, & tour-
nent face en mesme temps pour revenir à la charge.
Medée est au milieu des deux, qui pare leurs coups,
& fait tourner le Dragon vers l'un & vers l'autre, sui-
vant qu'ils se presentent.

Combatez, race d'Orithie,
Demidieux, combatez,

Et faites voir que vos bras indomptez
Se font par tout une heureuse sortie
Des perils les plus redoutez.

ZETHES.

Fuyons sans plus tarder la vapeur infernale,
Que ce Dragon affreux de son gosier exhale,
La valeur ne peut rien contre un air empesté.
Fay comme nous, Orphée, & fuy de ton costé.

Zethes, & Calais, & Orphée s'enfuyent.

MEDEE.

Allez, vaillants guerriers, envoyez-moy Pelée,
Mopse, Iphite, Echion, Euridamas, Oilée,
Et tout ce reste enfin, pour qui vostre Jason
Avec tant de chaleur demandoit la Toison.
Aucun d'eux ne paroist ! ces ames intrepides
Reglent sur mes vaincus leurs démarches timides,
Et malgré leur ardeur pour un exploit si beau,
Leur effroy les renferme au fond de leur vaisseau.
Ne laissons pas ainsi la victoire imparfaite,
Par le milieu des Airs courons à leur défaite,
Et nous mesmes portons à leur temerité
Jusque dans ce vaisseau ce qu'elle a merité.

Medée s'éleve encor plus haut sur le Dragon.

AÆTES.

Que fais-tu? la Toison ainsi que toy s'envole!
Ah, perfide, est-ce ainsi que tu me tiens parole,
Toy, qui me promettois, mesme aux yeux de Ja-
son,
Qu'on t'osteroit le jour avant que la Toison?

MEDEE *en s'envolant.*

Encor tout de nouveau je vous en faits promesse,
Et vay vous la garder au milieu de la Grece.
Du païs & du sang l'amour rompt les liens,
Et les Dieux de Jason sont plus forts que les miens.
Ma sœur avec ses fils m'atteud dans le Navire,
Je la suis, & ne fais que ce qu'elle m'inspire,
De toutes deux Madame icy vous tiendra lieu.
Consolez-vous, Seigneur. & pour jamais, Adieu.

Elle s'envole avec la Toison, & disparoist.

SCE-

SCENE V.

AÆTES, ABSYRTE, HYPSIPILE, JUNON.

AÆTES.

Ah, Madame ! ah, mon fils ! ah, Sort inexora-
          ble :
Eſt-il ſur terre un pere, un Roy plus déplorable ?
Mes filles toutes deux contre moy ſe ranger ?
Toutes deux à ma perte à l'envy s'engager !

JUNON *dans ſon Char.*

On vous abuſe, Aætes, & Medée elle-meſme
Dans l'amour, qui la force à ſuivre ce qu'elle aime,
          S'abuſe comme vous.
Chalciope n'a point de part en cet ouvrage :
Dans un coin du Jardin, ſous un épais nuage,
Je l'envelope encor d'un ſommeil aſſez doux ;
Cependant qu'en ſa place ayant pris ſon viſage,
Dans l'eſprit de ſa ſœur j'ay porté les grands coups,
Qui donnent à Jaſon ce dernier avantage.
Junon a tout fait ſeule, & je remonte aux Cieux,
          Preſſer le ſouverain des Dieux
          D'approuver ce qu'il m'a plû faire ?
          Mettez voſtre eſprit en repos,
          Si le Deſtin vous eſt contraire,
Lemnos peut reparer la perte de Colchos.

          Junon remonte au Ciel dans ce meſme Char.

AÆTES.

Qu'ay-je fait, que le Ciel contre moy s'intereſſe
Juſqu'à faire deſcendre en Terre une Déeſſe ?

ABSYRTE.

La deſadvoûrez-vous, Madame, & voſtre cœur
Dédira-t'il ſa voix qui parle en ma faveur ?

AÆTES.

Abſyrte, il n'eſt plus temps de parler de ta flame.
Qu'as-tu pour meriter quelque part en ſon ame,
Et que luy peut offrir ton ridicule eſpoir,   (choir ?
Qu'un Sceptre, qui m'échape, un Trône preſt à
                              Ne

Ne songeons qu'à punir le traiſtre, & ſa complice,
Nous aurons Dieux pour Dieux à nous faire juſtice,
Et déja le Soleil pour nous preſſer ſecours
Fait ouvrir ſon Palais, & détourne ſon cours.

Le Ciel s'ouvre, & fait paroiſtre le Palais du Soleil, où l'on le voit dans ſon Char tout brillant de lumiere s'avancer vers les ſpectateurs, & ſortant de ce Palais, s'élever en haut pour parler à Jupiter, dont le Palais s'ouvre auſſi quelques moments aprés. Ce Maiſtre des Dieux y paroiſt ſur ſon Trône, avec Junon à ſon coſté. Ces trois Theatres qu'on voit tout à la fois, ſont un ſpectacle tout-à-fait agreable, & majeſtueux. La ſombre verdure de la foreſt epaiſſe, qui occupe le premier, releve d'autant plus la clarté des deux autres, par l'oppoſition de ſes ombres. Le Palais du Soleil, qui fait le ſecond, a ſes colomnes toutes d'oripeau, & ſon lambris doré, avec divers grands fueillages à l'Arabeſque. Le rejalliſſement des lumieres, qui portent ſur ces dorûres, produit un jour merveilleux, qu'augmente celuy, qui ſort du Trône de Juppiter, qui n'a pas moins d'ornements. Ses marches ont aux deux bouts & au milieu des Aigles d'or, entre leſquelles on voit peintes en baſſe taille toutes les amours de ce Dieu. Les deux coſtez font voir chacun un rang de piliers enrichis de diverſes pierres precieuſes, environnées chacune d'un cercle, ou d'un quarré d'or. Au haut de ces piliers ſont d'autres grands Aigles d'or, qui ſoûtiennent de leur bec le plat fond de ce Palais, compoſé de riches eſtoffes de diverſes couleurs, qui font comme autant de courtines, dont les Aigles laiſſent prendre les bouts en forme d'eſcharpes. Juppiter a un autre grand Aigle à ſes pieds, qui porte ſon foudre, & Junon eſt à ſa gauche, avec un Paon auſſi à ſes pieds, de grandeur, & de couleur naturelle.

SCE-

SCENE VI.

LE SOLEIL, JUPPITER, JUNON, AÆTES, HYPSIPILE, ABSYRTE.

AÆTES.

Ame de l'univers, autheur de ma naiſſance,
Dont nous voyons par tout éclater la puiſſance,
Souffriras tu qu'un Roy, qui tient de toy le jour,
Soit lâchement trahy par un indigne amour ?
A ces Grecs vagabons refuſes ta lumiere,
De leurs climats cheris détournes ta carriere,
N'éclaires pas leur fuite aprés qu'ils mont détruit,
Et répans ſur leur route une éternelle nuit.
Fay plus, montres toy pere & pour vanger ta race,
Donnes moy tes chevaux à conduire en ta place,
Preſtes-moy de tes feux l'éclat étincelant,
Que j'embraſe leur Grece avec ton char brûlant,
Que d'un de tes rayons lançant ſur eux le foudre
Je les reduiſe en cendre, & leur butin en poudre,
Et que par mon couroux leur païs deſolé
Ait horreur à jamais du bras, qui m'a volé.
　Je voy que tu m'entens, & ce coup d'œil m'an-
　　nonce
Que ta bonté m'appreſte une heureuſe réponſe.
Parles, donc, & fais voir aux Deſtins ennemis
De quelle ardeur tu prens les intereſts d'un fils.

LE SOLEIL.

Je plains ton infortune & ne puis davantage,
Un noir Deſtin s'oppoſe à tes juſtes deſſeins,
Et depuis Phaëton, ce brillant attelage
　　Ne peut paſſer en d'autres mains,
Sous un ordre éternel, qui gouverne ma route
Je diſpenſe en eſclave, & les nuits, & les jours,
　　Mais enfin ton pere t'écoute,　　(cours.
Et joint ſes veux aux tiens pour un plus fort ſe-
　Icy s'ouvre le Ciel de Juppiter, & le Soleil continuë
en luy adreſſant ſa parole.

Mai-

Maiſtre abſolu des Deſtinées,
Changes leurs dures loix en faveur de mon ſang,
Et laiſſes-luy garder ſon rang
Parmy les teſtes couronnées.
C'eſt toy, qui regles les Eſtats,
C'eſt toy, qui departs les Couronnes,
Et quand le Sort jaloux met un Monarque à bas,
Il detruit ton ouvrage, & fait des attentats,
Qui dérobent ce que tu donnes.

JUNON.

Je ne mets point d'obſtacle à de ſi juſtes vœux,
Mais laiſſez ma puiſſance entiere,
Et ſi l'ordre du Sort ſe rompt à ſa priere,
D'un Hymē, que j'ay fait ne rompez pas les nœuds.
Comme je ne veux point détruire ſon Aæte,
Ne détruiſez pas mes Heros,
Aſſeurez à ſes jours, gloire, Sçeptre, repos,
Aſſeurez-luy tous les biens, qu'il ſouhaite ;
Mais de la meſme main aſſeurez à Jaſon
Medée, & la Toiſon.

JUPITER.

Des Arreſts du Deſtin l'ordre eſt invariable,
Rien ne ſçauroit le rompre en faveur de ton fils,
Soleil, & ce treſor ſurpris
Luy rend de ſes Eſtats la perte inévitable.
Mais la meſme legereté,
Qui donne Jaſon à Medée,
Servira de ſupplice à l'infidelité
Où pour luy contre un pére elle s'eſt hazardée.
Perſés dans la Scythie arme un bras ſouverain ;
Si-toſt qu'il paroiſtra, quittez ces lieux, Aæte,
Et par une prompte retraite
Eſpargnez tout le ſang, qui couleroit en vain.
De Lemnos faites voſtre azile,
Le Ciel veut qu'Hypſipile
Réponde aux vœux d'Abſyrte, & qu'un Sçeptre dotal
Adouciſſe le cours d'un peu de temps fatal.
Car enfin de voſtre perfide

Doit

Doit fortir un Medus, qui vous doit reftablir,
A rentrer dans Colchos il fera voftre guide,
Et mille grands exploits, qui doivent l'ennoblir
Feront de tous vos maux les affeurez remedes,
Et donneront naiffance à l'Empire des Medes.

Le Palais de Jupiter & celuy du Soleil fe referment.

LE SOLEIL.

Ne vous permettez plus d'inutiles foûpirs,
Puifque le Ciel repare & vange voftre perte,
    Et qu'une autre Couronne offerte
Ne peut plus vous fouffrir de juftes déplaifirs.
Adieu, j'ay trop long-temps détourné ma carriere,
Et trop perdu pour vous en ces lieux de moments,
    Qui devoient ailleurs ma lumiere.
    Allez, heureux Amants,
Pour qui Juppiter montre une faveur entiere,
Haftez-vous d'obeïr à fes commandements.

Il difparoift en baiffant, comme pour fondre dans la
Mer.

HYPSIPILE.

J'obeis avec joye à tout ce qu'il m'ordonne,
Un Prince fi bien né vaut mieux qu'une Couron-
    ne,
Si-toft que je le vis, il en eut mon adveu,
Et ma foy pour Jafon nuifoit feule à fon feu.
Mais à prefent, Seigneur, cette foy dégagée....

AÆTES.

Ah, Madame, ma perte eft déja trop vangée,
Et vous faites trop voir comme un cœur genereux
Se plaift à relever un deftin malheureux.
Allons enfemble, allons fous de fi doux aufpices
Préparer à demain de pompeux facrifices,
Et par nos vœux unis répondre au doux efpoir,
Que daigne un Dieu fi grand nous faire concevoir.

F I N.